青少年网球学练技巧一点通

吕耀杰 著

中国书籍出版社

图书在版编目 (CIP) 数据

青少年网球学练技巧一点通 / 吕耀杰著 . -- 北京：中国书籍出版社, 2021.3

ISBN 978-7-5068-8394-8

Ⅰ.①青… Ⅱ.①吕… Ⅲ.①青少年－网球运动－运动训练 Ⅳ.① G845.2

中国版本图书馆 CIP 数据核字（2021）第 046273 号

青少年网球学练技巧一点通

吕耀杰　著

责任编辑	成晓春
责任印制	孙马飞　马　芝
封面设计	仙　境
出版发行	中国书籍出版社
地　　址	北京市丰台区三路居路 97 号（邮编：100073）
电　　话	（010）52257143（总编室）　（010）52257140（发行部）
电子邮箱	eo@chinabp.com.cn
经　　销	全国新华书店
印　　厂	三河市德贤弘印务有限公司
开　　本	710 毫米 × 1000 毫米 1/16
字　　数	153 千字
印　　张	13.25
版　　次	2022 年 1 月第 1 版
印　　次	2022 年 1 月第 1 次印刷
书　　号	ISBN 978-7-5068-8394-8
定　　价	48.00 元

版权所有　翻印必究

前　言

网球场上，青少年们积极热身、灵活移动、奋力击球、顽强拼搏的身影，成为一道道靓丽的风景线。

作为一项绅士运动，网球运动备受关注，再加上网球运动强身健体、益智健心、注重礼仪、运动量可控等诸多优点，网球运动是青少年非常喜爱的球类运动。

一挥一击，黄色精灵在空中飞舞，尽显运动魅力！

一球一拍，在运动场上挥洒汗水，绽放青春！

本书带你走进网球的世界，邀你认识网球运动背后的魅力文化，追溯网球起源，了解网球赛事，掌握网球礼仪；陪你一起挑选适合你的运动装备，向着网球场出发，去近距离感受网球运动；再带你深入学练网球运动技术，掌握握拍与移动，感受挥拍与击球，寻找与培养球感。在此基础上，助你积极提升技能，在网球场上奋力搏杀，凝聚运动智慧，争做网前英雄少年，彰显属于你的球场风采！同时，一起关注和认识运动营养与运动安全，用知识与行动为青少年参与网球运动助力、为青少年健康成长助力！

本书内容深入浅出、系统全面，语言明快、清新自然。为生动阐述网球运动知识与技能，本书特别设置"畅所欲言""知识锦囊""温故知新"板块，为青少年网球运动爱好者与参与者呈现更生动、立体和全面的网球运动。

在撰写过程中，本书参考了很多文献资料，在此，对相关学者表示由衷的感谢。书中提到了一些天才网球少年，这些网球运动明星是优秀的榜样。希望本书成为网球青少年们的良师益友，帮助更多青少年亲近网球，绽放青春光彩！

作者

2020 年 12 月

目 录

01 第一章
初识网球：球场上的黄精灵 — 001

从宫廷中走来的网球 / 003

网球在中国 / 009

竞技网球风采 / 011

不得不知的网球规则 / 019

网球礼仪 / 029

网球明星 / 035

02 第二章
炫酷装备：场地、器材与服饰 — 039

令人神往的网球场 / 041

选择一把适合你的球拍 / 049

不同规格的网球 / 059

专业的网球服饰 / 063

网球鞋怎么选 / 067

不同类型的网球包 / 071

03 第三章
新手入门：学练技术感受网球魅力　　075

积极备战：握拍与准备 / 077

制胜法宝：移动步法 / 085

优雅的空中弧线：挥拍 / 093

妙不可言：寻找与培养球感 / 099

04 第四章
技能进阶：网前搏杀争做英雄少年　　105

先发制人：发球 / 107

完美回击：接发球 / 115

积极主动：击球 / 121

决战高空：挑高球 / 125

妙手截杀：截击球 / 129

以柔克刚：放小球 / 133

精准打压：高压球 / 135

出其不意：反弹球 / 139

05 第五章 — 球场智慧：战术风采与实力的较量 — 141

个人魅力：网球单打战术 / 143

默契配合：网球双打战术 / 159

06 第六章 — 健康运动：青少年网球运动安全 — 167

热身与放松 / 169

运动后的拉伸 / 177

网球运动常见伤病防治 / 185

科学营养助力网球少年 / 195

参考文献 / 201

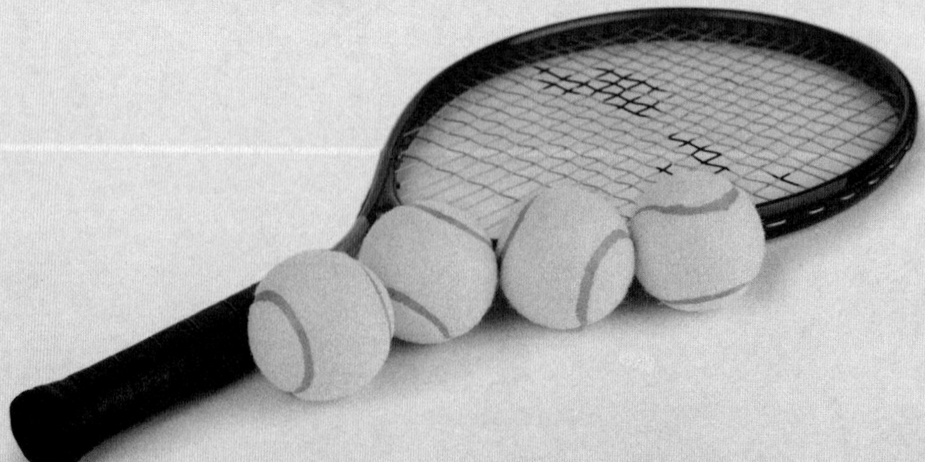

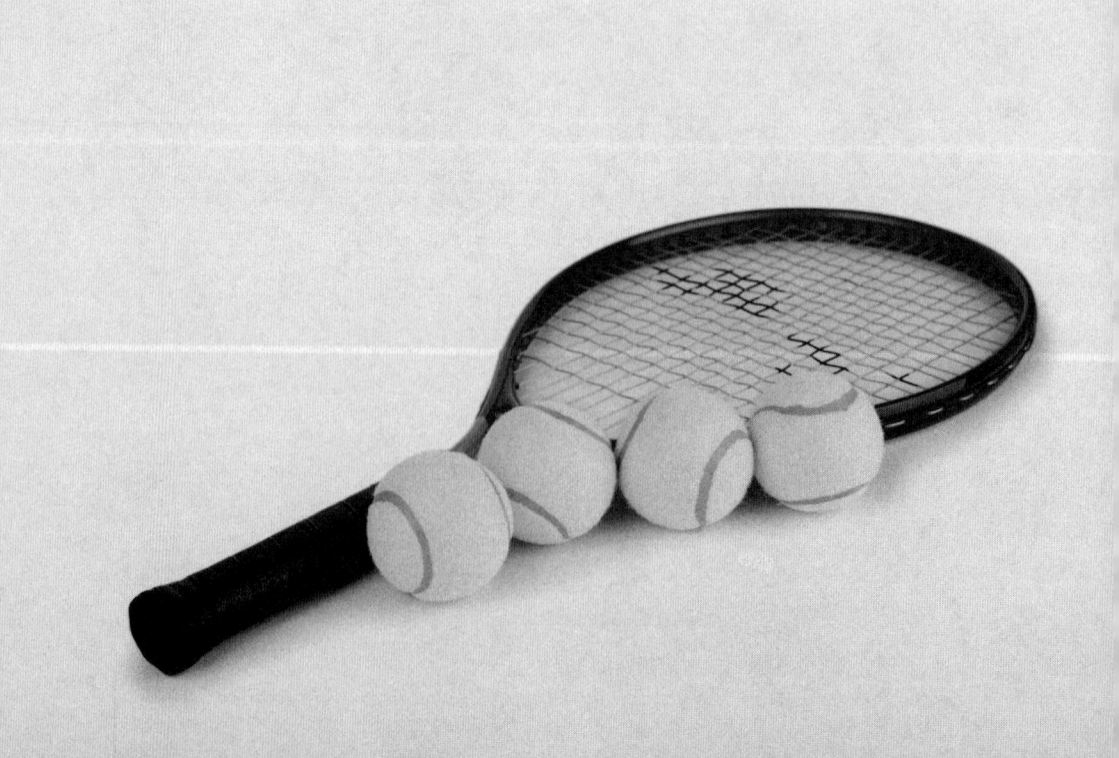

第一章

初识网球：球场上的黄精灵

奔跑，击球，扣杀！

是什么让我们在球场上挥汗如雨，奋力拼搏？

又是什么令我们在激烈的竞争中仍然保持风度与涵养？

没错，它就是那空中旋转着的黄色精灵

——网球！

从宫廷中走来的网球

网球是一项"贵族"运动,它与台球、保龄球、高尔夫球一起被称为"世界四大绅士运动"。

网球

台球

保龄球

高尔夫球

世界四大绅士运动

第一章 初识网球：球场上的黄精灵

畅所欲言

> 热爱网球的你，对网球了解多少呢？你知道这一运动的悠久历史吗？这种运动是如何从高不可攀的"宫廷运动"一步步走向民间，最后流行于全世界的吗？

● 网球运动最初是一种游戏

网球运动的历史由来已久，早在12—13世纪时，法国的一些传教士就经常在教堂里玩一种类似于网球的游戏，大致是用手掌来击打球状物体。

后来，这种游戏逐渐从教堂传入法国宫廷，并在王室贵族当中有着极高的人气，法国人给该游戏取名为"掌球戏"。

"掌球戏"最开始只在室内进行，后来慢慢发展成在室外的空地上进行。游戏时两人各站一边，中间隔着一条绳子，用手击打一个布球。这种布球裹着头发，从外形上看与现在的网球还是很有区别的。这种兴起于法国的"掌球戏"依然被普遍认为是网球运动的前身。

● 从"宫廷运动"到现代网球

从14世纪中叶开始，这种在法国宫廷大受欢迎的"掌球戏"传入英国。

"掌球戏"传入英国后，又有了新的发展。最初是将手掌击球改成了借助工具（主要是木板）来打球，后来又出现了球拍——一种拍面用羊皮纸做成的、椭圆形的球拍。虽然这时候的球拍无论是在外观上还是使用上都与现在的球拍相差甚远，但这对当时的人们来说已经是非常好的一种打球工具了。

除此之外，传入英国的"掌球戏"（或者也可以称为"网球"）中用来分界的绳子也换成了网。随着这一游戏的不断改进，越来越多的贵族开始对它感兴趣。由于此时的网球只在英法两国的宫廷中盛行，因此人们称之为"宫廷运动"或"皇家运动"。

知识锦囊

"网球（tennis）"一词的由来

网球为什么叫网球（tennis）呢？现在有两种不同的说法。

一种说法是，在网球（当时还是掌球游戏中的小球）传入英国后，由于当时制作球皮最好的是埃及坦尼斯镇，因此英国人就将"tennis"作为网球的名称。

还有一种说法是，网球（tennis）是由法语"tenez"发展而来，而"tenez"在法语中代表球类运动员在发球时用来提醒、呼唤对方运动员的词，大概相当于"嘿！抓住！"

从16世纪开始，网球运动开始从单纯的游戏发展成了一种竞技比赛，有了专门的网球场，并制定了比赛规则。与此同时，网球运动逐渐从宫廷走向民间，在社会各阶层广泛流行。

就这样，从宫廷中走来的网球一步步发展成了现代网球，在世界各地广泛流行。

温故知新

一起来梳理下网球的发展历程吧。

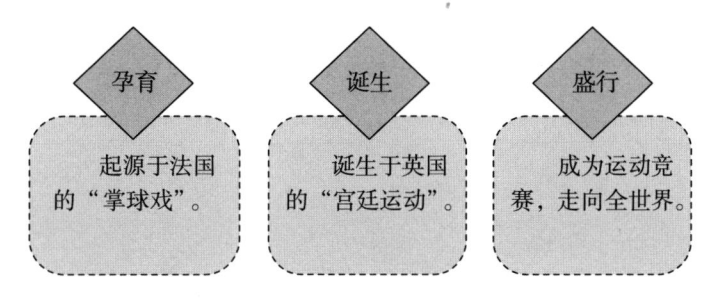

孕育	诞生	盛行
起源于法国的"掌球戏"。	诞生于英国的"宫廷运动"。	成为运动竞赛，走向全世界。

从历史中一路走来的网球运动

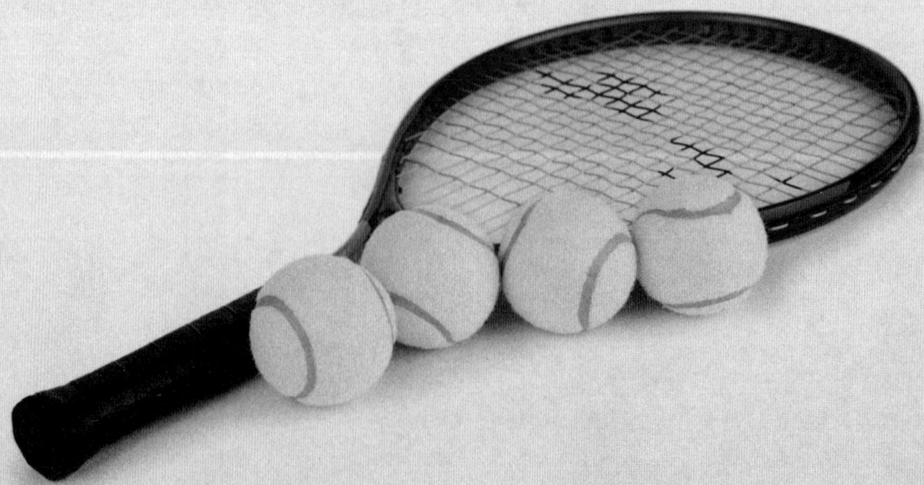

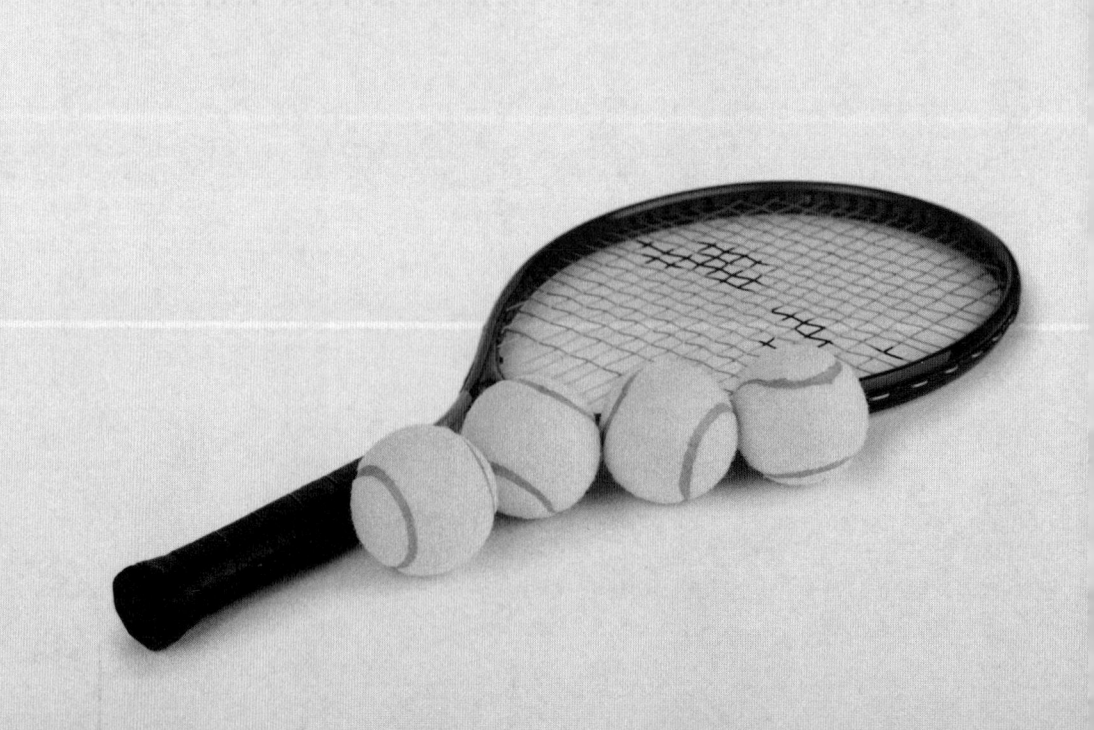

网球在中国

畅所欲言

从英法宫廷中走来的网球，是什么时候传入中国，并在中国发展起来的呢？这项运动在中国的受欢迎程度如何呢？

中国网球运动的发展

19世纪中期，中国陆续开放了一些沿海通商口岸，西方传教士、商人、官员等将西方近代体育带到了中国，其中就有网球运动。

1898年，上海举办了"斯坦豪斯杯"网球赛，这是中国举办的最早的一次网球比赛。1910年以后，男子网球和女子网球先后被列为全运会上的比赛项目。

从 20 世纪开始，中国网球界积极与国际网坛进行交流，开始参加一些国际上的著名网球赛事。1924 年，著名网球运动员邱飞海参加了网球界的顶级比赛——温布尔登网球赛，并成功打进第二轮，这是中国网球运动在国际上的一次精彩亮相！

中国青少年网球运动

你身边有没有小伙伴在学习网球呢？

网球在我们国家非常受青少年朋友的喜爱，很多少年儿童从小就学习网球，有许多学校还专门开办了网球特色课程。与此同时，很多网球培训机构的出现，也让更多的少年儿童能近距离接触网球、学练网球。

怎么样？网球运动是不是比你想象中更受欢迎呢？你是不是对网球运动开始心动了呢？

赶快来加入这波"网球运动热潮"，享受网球运动带给你的乐趣吧！

竞技网球风采

带你认识网球王国的"统治者"——三大国际组织

热衷于网球运动的你能不能说出网球王国的三大国际组织分别是哪几个呢？没错，它们就是国际网球联合会、世界男子职业网球协会以及世界女子职业网球协会。

◎ ITF——国际网球联合会

国际网球联合会（ITF，International Tennis Federation），1913年成立于法国巴黎，现有191个协会会员。

国际网联负责管理所有与网球比赛相关的事务，最主要的职责有如下三项。

ITF

- 制定和修改网球比赛规则。
- 为发展中国家的网球教练提供培训课程，推动世界各国网球运动的均衡发展。
- 维护网球运动的利益，推动网球运动教学发展。

作为网球王国的领导机构，国际网联积极在全世界范围内推广网球。它主要负责组织和指导包括四大公开赛，戴维斯杯和联合会杯两大团体赛，以及世界杯、奥运会网球赛等在内的大约两百个网球赛事。

◎ ATP——国际男子职业网球协会

国际男子职业网球协会（ATP，Association Tennis Professional），1972年成立，是国际男子职业网球运动员的自治组织机构。

ATP的任务是协调男子职业网球选手和赛事之间的伙伴关系，并负责管理选手的积分、排名及奖金分配，制定赛事规则，审核选手参赛资格等。

ATP负责举办的网球赛事主要包括：

- 大师杯网球公开赛
- 网球大师系列赛
- 世界双打锦标赛、世界队际锦标赛
- 国际系列赛

......

ATP

◎ WTA——国际女子职业网球协会

国际女子职业网球协会（WTA，Women's Tennis Association），成立时间为 1973 年。

WTA 与 ATP 一样，主要代表球员的利益，协调赛事主办方和赞助商之间的关系，推动女子职业网球运动的发展。

WTA 负责的比赛主要包括：

- 四大公开赛
- 联合会杯
- 女子职业巡回赛
- 各种锦标赛、挑战赛

……

WTA

不可不知的四大公开赛

畅所欲言

网球运动的四大公开赛，其实就是我们所熟知的"四大满贯"，这可是网球迷们每年翘首以盼的重大赛事。那么，你知道四大公开赛具体指哪四场比赛吗？其中最吸引你的又是哪一项赛事呢？

◎ 温布尔登网球锦标赛

温布尔登网球锦标赛是最早出现的网球比赛，1877年由全英俱乐部与英国草地网球协会共同创办，于每年的6月底到7月初举行，赛场在英国的温布尔登。

温网在初设时只有一个男子单打项目，以后逐渐增加了男子双打、女子单打、女子双打和混合打，在报名资格上也从最初仅限英国运动员参加逐渐变为放开国籍限制。

温网是网坛最古老且最具声望的赛事，无论是场地还是赛场气氛都是别具一格的，因此备受网球迷们的青睐。

知识锦囊

和其他公开赛相比，温网有哪些特别之处？

温网是四大公开赛中最特别的赛事，这主要体现在两个方面。

草地魅力

温网至今仍保留着传统的草地赛场，在人造硬地场遍及世界各地的今天，这种古老而又独具魅力的赛场无疑让很多人向往不已。在温网赛场上，有着修剪整齐的绿色草地、木质的记分牌以及与之相配的看台，无不彰显着温网优雅的气质。

高贵的礼仪

温网的古老与传统，不仅仅表现在赛场上，还表现

> 在它高贵的皇室礼仪上。从1907年开始,英国皇室成员便时常亲临温布尔登观看球赛,这就有了温网赛场上最引人注目的"皇室包厢。"在温网赛场上,运动员们都要向皇室鞠躬或行屈膝礼,这一规定一直延续到2003年才被取消。

◎ 法国网球公开赛

法国网球公开赛于1891年始创,举行时间为每年的5月至6月,赛场为法国巴黎的罗兰·加洛斯网球场(罗兰·加洛斯是一名空中英雄,故以其命名球场作为纪念)。

罗兰·加洛斯网球场的场地为红色土地,即土场,土场的球速较慢,因此很能考验球员的技术与耐力。

与温网一样,法网也是由最初的只限本国人参加,到后来对世界开放,成为公开赛。

◎ 美国网球公开赛

美国网球公开赛创办于1881年,于每年的8月底至9月初举行,这是一年中最后举行的一场大满贯赛事,赛场在美国纽约。

美网的场地是硬场地,场地平整,球速居于草场与土场之间,反弹比较规则,是网球运动员比较喜欢的一种场地。除场地受欢迎之外,美网的高额奖金也吸引了不少的网球好手前来参加。

落日余晖下的网球场

◎ 澳大利亚网球公开赛

澳大利亚网球公开赛创办于1905年，这是四大满贯中最晚出现的一项比赛。而澳网举办的时间在每年的1月底至2月初，是一年中最早举行的大满贯赛事。

澳网的赛场在澳大利亚墨尔本，一月份正值当地盛夏时节，气温可达35℃以上，而球场地面温度更可高达60℃，这对球员来说实在是个不小的考验。另外，一般来说，网球运动员们在经历了一年的比赛后，都会在圣诞节前进行休息调整，而澳网是新年的第一场大赛，球员们没有足够的准备时间，这也会对球员水平的发挥产生一定的影响。

温故知新

网球运动组织与网球运动赛事极大地推动了网球运动的发展，不同网球赛事各有特色，深受网球运动爱好者们的喜爱。

表1-1 三大网球国际组织

三大网球国际组织		
名称	成立时间	负责事务
ITF	1913	关于网球比赛的一切事务
ATP	1972	男子网球选手的问题
WTA	1973	女子网球选手的问题

表 1-2　四大网球公开赛

四大网球公开赛				
名称	温网	美网	法网	澳网
成立时间（年）	1877	1881	1891	1905
举办地	英国	美国	法国	澳大利亚
场地	草场	硬场	土场	硬场
特色	最古老、最有声誉	商业化程度高，奖金丰厚	难打、最利于底线对抗	最年轻、耗体力

不得不知的网球规则

畅所欲言

　　无论哪一种体育运动，规则都是运动顺利进行的前提和保证，网球也不例外。作为球员，只有掌握好所有比赛规则，才能在赛场上赛出佳绩，而作为球迷，如果能清楚地知晓网球运动的各项基本准则，就能帮助我们更好地领略这一竞技运动的风采。那么，你能说出哪些关于网球的规则呢？一起来聊聊吧！

● 与众不同的比赛计分

　　网球比赛的计分与众不同，很多第一次接触网球运动的人会感觉到不习惯。接下来，一起来认识下网球比赛计分规则吧。

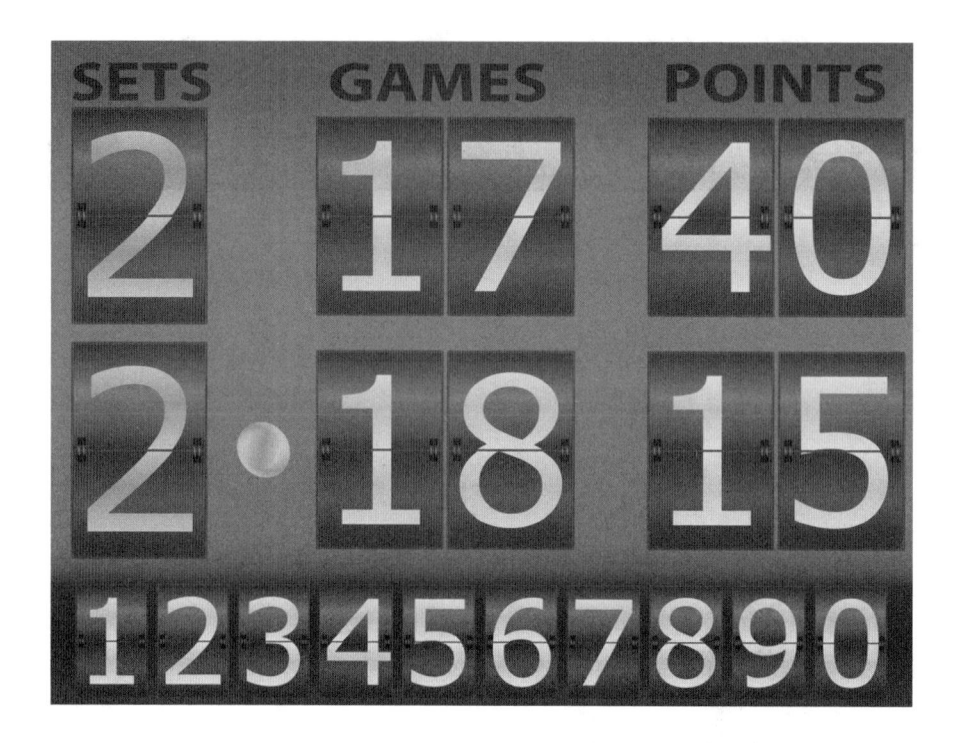

网球比赛用的计分板

网球比赛的计分分为分、局、盘三级。

◎ 分

在发球局中，球员每得一分（每胜一球得一分）记15，得两分记30，得三分记40。如果比赛双方都各得三分，叫作"平分"。在这种情况下，在接下来的比赛中，如果有一方先得一分，那么这一方就"占先"。

知识锦囊

为什么网球比赛的计分是15、30、40？

网球运动是在传入英国后才逐渐有了各种比赛规则的，当时这项运动还是一项"宫廷运动"，因此计分方法也是贵族们就地取材，通过拨动时针来订立的：每得一分就将时钟拨动四分之一，也就是15分（fifteen），得两分拨至30分（thirty）。这就是网球计分中的15分和30分的由来。

那么，网球计分中的40分又是怎么回事呢？如果按照每得一分计15的算法，得三分的就应该是计45，为什么会出现40呢？

事实上，这与英国人的语言有关。英语中15和30的发音都是双音节，而45发音为"forty-five"，是三个音节，念起来比较拗口，这让英国人觉得很不方便。于是，他们就将得三分的计分改为双音节的40（forty），这就是网球计分中40分的由来。

◎ 局

网球比赛先赢得四分者则胜一局，出现"占分"时则需要"占分"的一方再胜一球（即"平分"后还需净胜两球）才算胜一局。

◎ 盘

网球比赛中一盘有6局，因此先胜6局者则胜一盘，但是如果遇到两方同胜 5 局时，则需要一方净胜 2 局才算赢一盘。比赛时通常采用三盘两胜或五盘三胜制。

站位和发球权的选择

与乒乓球、足球等比赛一样，网球比赛开始前，要先决定第一局中双方的站位和发球、接发球权。

网球比赛的站位和发球选择通过抛硬币的方式来决定，抛硬币获胜的一方如果选择了场地选择权，那么另一方则获得第一局比赛的发球权或接发球权；如果获胜方选择的是第一局比赛中的发球权或接球权，那么另一方则可以拥有场地的选择权。

裁判员在比赛开始前抛硬币

知识锦囊

网球双打队伍中的接发球次序是怎样的呢？

网球双打比赛中，在决定了哪一方为接发球者之后，在这一队伍中的接发球次序又是如何决定的呢？

根据网球比赛规定，在每一盘的第一局中，得到接发球权的那一方要自己决定由哪一位球员先接第一分发球。接完第一分发球之后，就由这一球员的同伴负责接这一局中的第二分发球。这就是网球双打队伍中关于接发球次序的规定。

发球规定

◎ 发球前的位置

在网球比赛中，球员的发球位置在端线后、中点和单打边线（双打边线）的假定延长线之间的区域。

发球员在每局比赛中要先从右区发球，当胜（失）了一分后，再换到左区发球，也就是每胜（失）一分之后就要交换发球位置。

◎ 发球时的规定

发球时，球员用手将网球抛向空中的任一方向（如果是只有一只手的球员，可以借助网球拍完成动作），并及时用球拍击球，等到球拍与球相接触时，发球动作就算是完成了。

值得注意的是，在整个发球过程中，球员不能改变发球开始时自己所站立的位置。

◎ 发球无效与发球失误

网球比赛中，运动员发球无效主要分以下三种情况：

第一种情况是当发球员把网球发出去之后，网球碰到中间的球网，再落到对方的发球区内。

第二种情况是发球员在发球时移动了所站的位置。

第三种情况是网球发出之时，对方接球运动员还没有做好接球的准备。

运动员发球失误也包括三种情况，具体如下：

第一，发球员站立的位置不符合站位规定。

第二，发球员在发球时未击中网球。

第三，发球员将网球发送出去之后，网球在落地前碰到网球场上的固定物。

如果出现以上三种情况，则视为运动员发球失误。另外，无论发球失误还是发球无效，运动员都有第二次发球的机会。

第一章 初识网球：球场上的黄精灵

正在发球的网球少女

比赛中的失分情况

在网球比赛中，出现哪些情况则判为失分呢？这里我们简单列举一些常见的失分情况：

第一，在网球第二次落地之前，球员未能将球还击过网。

第二，球员还击的球碰到对方场区区域之外的地面或其他物体。

第三，在"活球"期间，运动员的身体（包括身体上的任何物件）与球网相接触。

第四，故意用球拍触球两次或两次以上。

第五，以抛网拍的动作来击球。

第六，过网击球。

交换场地与休息时间

◎ 交换场地

双方运动员应该在每一盘网球比赛中的第一、三、五、七、九等单数局结束后，以及每盘结束后两支队伍的局数之和为单数时进行场地交换。

如果一盘比赛结束后，两支队伍的局数之和为偶数，那么则需要在下一盘比赛的第一局结束之后完成场地交换。

◎ 休息时间

网球比赛中的休息时间一般都比较短，首先是分与分之间有一个间歇时间，这个时间不能超过 20 秒。

另外，在交换场地时，运动员们也可以有不超过 90 秒的休息时间。

重赛

在网球比赛中，偶尔也会发生一些意外状况，需要进行重赛。

首先，当球员遇到自己不能掌控的意外阻碍，影响了该球员的击球时，这一分需要重赛。

其次，在"活球"期间，如果网球突然破了，或者网球碰到球场上其他正在运行的物体时，则需要重赛。

最后，如果裁判员先误判失误或出界，继而又予以纠正，影响了双方选手的击球状态，也需要重赛。

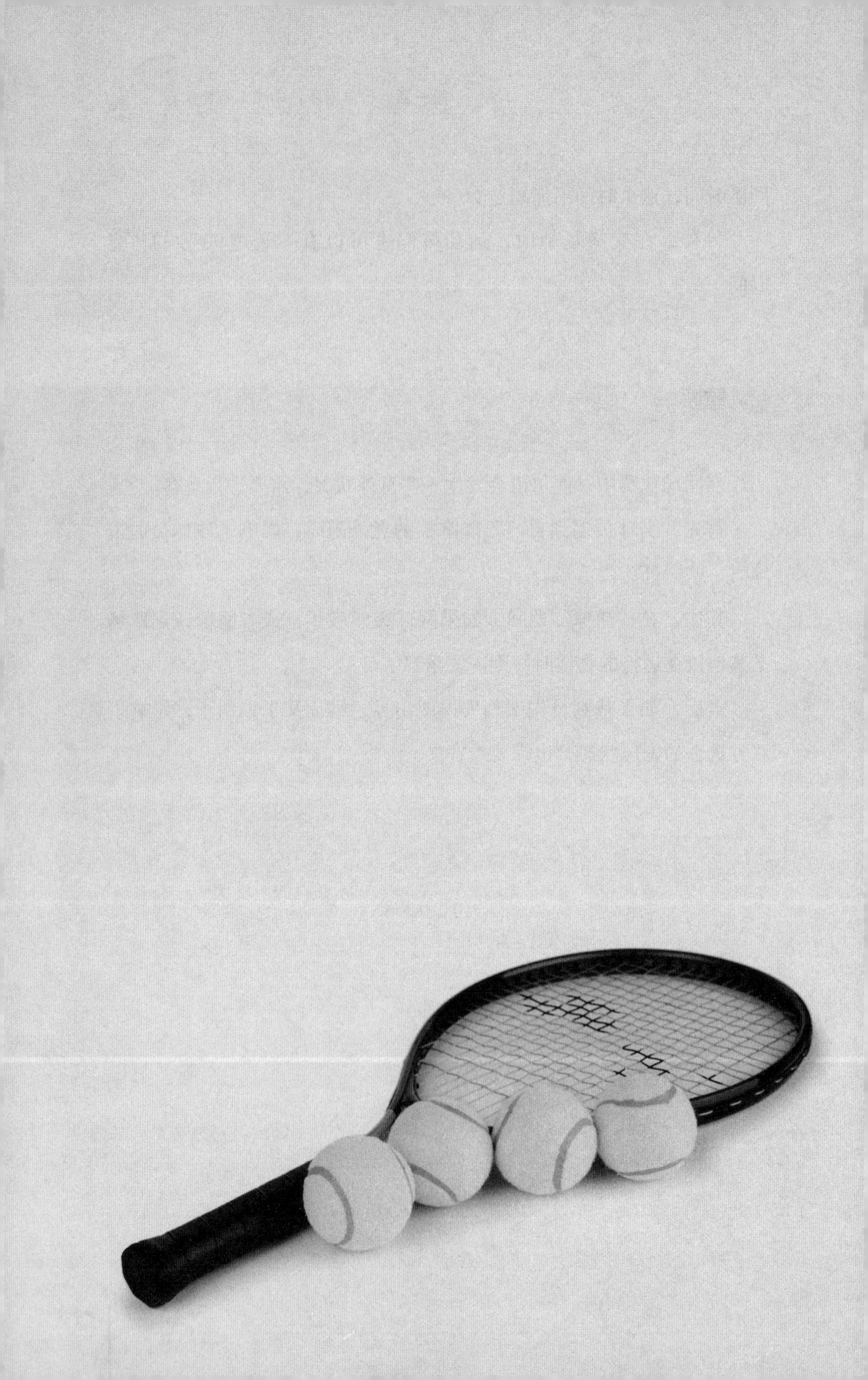

网球礼仪

畅所欲言

经常打网球的朋友都知道,"对不起"和"谢谢"是网球场上使用最多的两个词,这是因为作为一种"贵族运动",网球有着其他体育运动所没有的严格的礼仪规范。那么,你在观看网球比赛时,有没有注意到网球运动中的各种礼仪呢?你对其中的哪一种礼仪印象最深刻呢?

● 参赛时的礼仪规范

网球运动是一项绅士运动,有着严格的礼仪要求。

如果你不了解网球运动礼仪,很可能会在网球场上引发一些不必

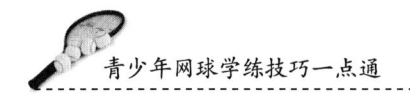

要的"尴尬"。下面，一起来了解网球赛场上的着装礼仪吧。

◎ 注意着装

如果你要参加一个比较正式的网球比赛，请你一定要在上场之前，认真准备你的服装。

在赛场上，着装要干净、整齐，并符合赛场要求。

建议男生穿半袖上衣加短裤；建议女生穿无袖（或中袖）上衣加短裙（或连衣短裙）。

◎ 保持风度

在网球场上，用技战术实力征服对手非常重要，保持赛场风度也是必不可少的。

网球对打过程激烈、紧张，双方可谓是"互不相让""非要打出个胜负"。但即便如此，也请你一定在网球对打或比赛中保持自己的风度，千万不能因一时冲动而做出一些失礼的行为。

- 嘲笑对手
- 摔、敲、踢球拍
- 做侮辱他人的手势和动作
- 使用带有侮辱性的语言

网球场上的失礼行为

第一章 初识网球：球场上的黄精灵

你有没有欣赏过一场大型的网球赛事呢？你有没有发现下面这些有趣的现象：

那些在场上"厮杀激烈"的优秀网球运动员们，在比赛时，也会为对手发出一个好球而露出一个赞许的表情；如果比赛失利了，他们也会真诚地去赞扬对方选手的得分，为对手的好球拍手叫好。

无论结果如何，都能为对手的良好表现而开心，动作潇洒、自然，这就是网球运动员的风度。

对待结果，我们应该大度一些；对待对手，要坚持"友谊第一、比赛第二"，保持"大将风范"。

如果你也有机会参与到比赛中去，一场激烈紧张的比赛下来，无论你获胜还是失败，请你"保持一颗平常心"，坦然面对，保持风度。赛前相互鼓励，赛后主动与对手以及场上的裁判员握手，以示友好。这些都能展示你良好的运动风度哦。

网球选手在比赛结束后真诚握手

观赛时应注意的礼仪

作为观众,在观看网球比赛时,我们又该注意哪些礼仪呢?

当我们去看网球比赛时,一定要提前到场,并按门票找到自己的座位,在座位上坐好,等待比赛开始。

如果因为一些事情耽误了些时间,还没有找到自己的位置,比赛就已经开始了,这时为了不影响周围其他观众和场上的运动员,可以选择就地坐下,等到场上的运动员换边时再找。

如果你需要去卫生间或者买饮料,应该选在运动员交换场地的休息时间进行,并在一个球成为死球时回到自己的位置。

网球比赛一般要求观众不能使用闪光灯和拍照,这一点你也要提前关注和知晓。

温故知新

安静的网球"小绅士"

网球运动被誉为"绅士运动",观看网球比赛时,也应注重网球礼仪,做球场上的小绅士。

当比赛正在进行时,你一定不能和身边的家人或朋友聊天,要保持安静。

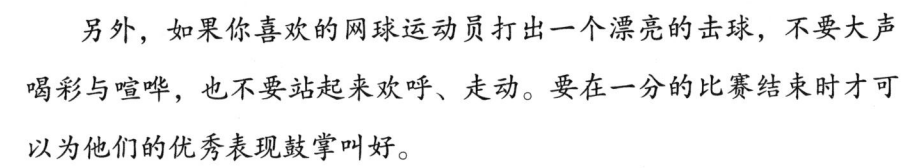

另外，如果你喜欢的网球运动员打出一个漂亮的击球，不要大声喝彩与喧哗，也不要站起来欢呼、走动。要在一分的比赛结束时才可以为他们的优秀表现鼓掌叫好。

如果陪爸爸妈妈或其他长辈一起去观看喜爱的网球比赛，要提醒他们把手机关机或调成静音哦。

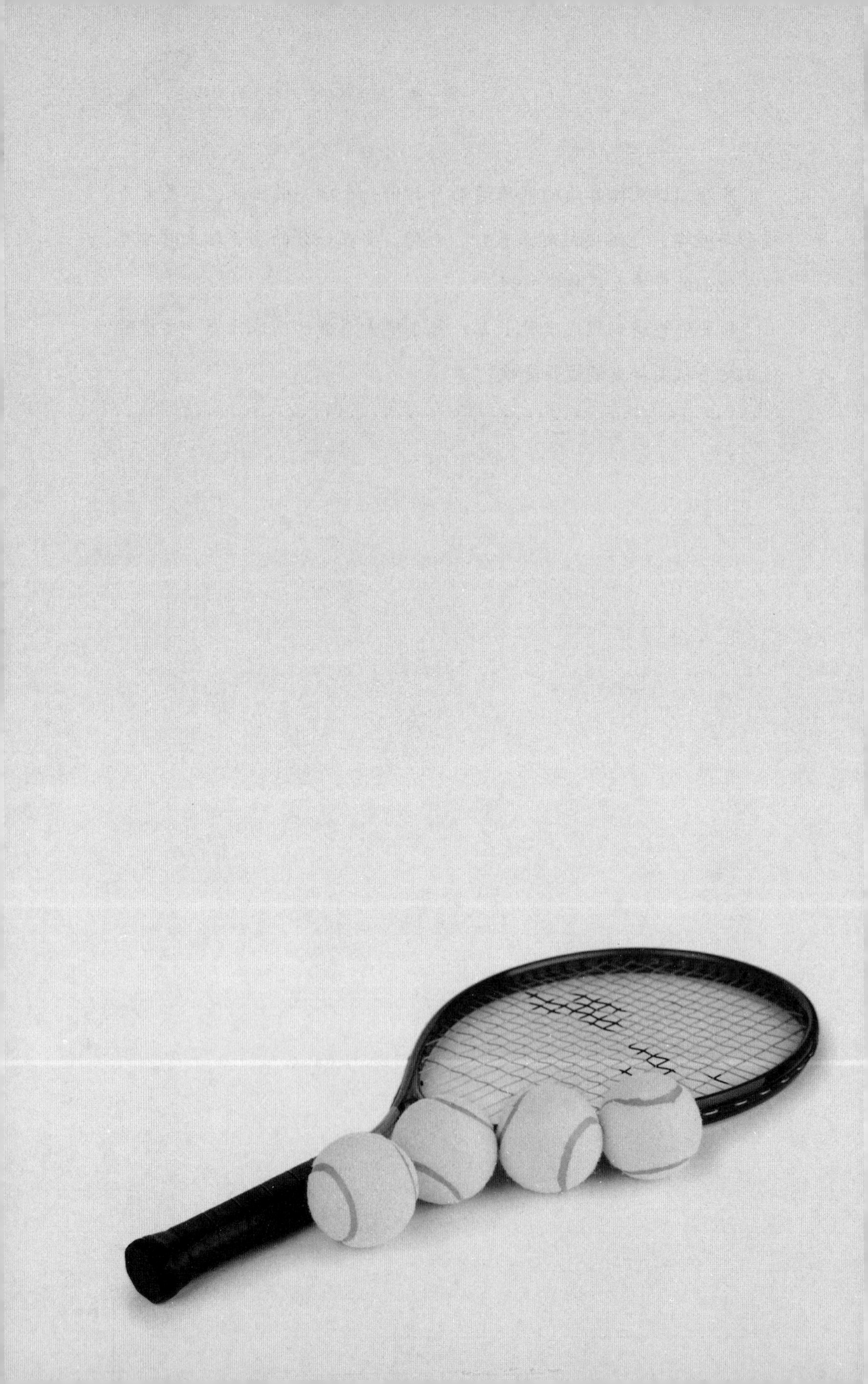

网球明星

畅所欲言

> 作为网球运动爱好者，你一定有自己喜欢的网球运动员吧？你最喜欢的网球运动员是谁呢？他（她）来自哪个国家？在网坛取得过哪些优秀的战绩呢？

罗杰·费德勒

罗杰·费德勒，瑞士著名的网球男运动员。

少年时的费德勒便展现出惊人的网球天赋。1998年，17岁的费德勒在多场大满贯中都有精彩亮相：进入澳网和美网青少年组的半决赛，

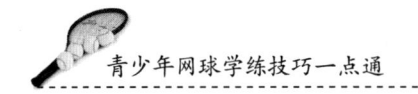

在温网中同时拿下青少年组男单冠军和男双冠军。同年，费德勒在青少年时期的最后一场比赛——"橘子碗"青少年网球锦标赛中夺冠，在青少年组排名第一。

拉斐尔·纳达尔

拉斐尔·纳达尔，西班牙著名男网球运动员。

纳达尔3岁起就开始接触网球，8岁时在Balearic岛网球锦标赛中夺得12岁以下组别冠军。2001年，14岁的纳达尔在一场红土表演中击败前大满贯冠军帕特·卡什，并正式成为一名职业网球选手。18岁时，纳达尔获得了他网球职业生涯中第一个ATP大师系列赛冠军。

玛蒂娜·辛吉斯

玛蒂娜·辛吉斯，瑞士著名的网球女运动员。

1993年，13岁的辛吉斯便在网坛初露锋芒，在瑞士兰根赛尔获得了首个挑战赛冠军。16岁那年，辛吉斯的实力开始全面爆发，进入了四大满贯赛的决赛，荣获温网、澳网及美网的冠军，当年的3月31日，辛吉斯的世界排名位列第一。

耶莱娜·扬科维奇

耶莱娜·扬科维奇，塞尔维亚著名网球女运动员。

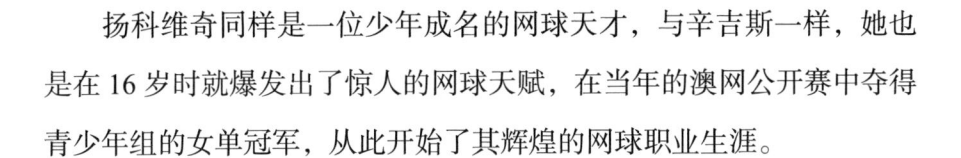

扬科维奇同样是一位少年成名的网球天才，与辛吉斯一样，她也是在16岁时就爆发出了惊人的网球天赋，在当年的澳网公开赛中夺得青少年组的女单冠军，从此开始了其辉煌的网球职业生涯。

温故知新

在世界网坛中，有很多优秀的网球天才少年，他们依靠自己的网球天赋和艰苦拼搏，在网球运动史上写下了浓墨重彩的一笔，成为很多青少年网球运动爱好者的榜样。

表1-3 网球明星简介

人物	国籍	较早的网球参赛战绩
罗杰·费德勒	瑞士	17岁获温网冠军
拉斐尔·纳达尔	西班牙	18岁获ATP大师系列赛冠军
玛蒂娜·辛吉斯	瑞士	16岁获温网、澳网及美网冠军
耶莱娜·扬科维奇	塞尔维亚	16岁获澳网冠军

如果你真的热爱网球运动，你一定要认真了解网球运动文化，坚持学练网球运动技能。

相信在不久的将来，你也会像这些网球明星一样，成为优秀的网球运动少年！从现在开始加油吧！

第二章

炫酷装备：场地、器材与服饰

要想在网球场上拼搏、炫技，

在宽敞的球场上尽情挥洒汗水，

用热情和活力点燃动感青春，

合适的网球场地、器材、服饰，必不可少！

你是否选到了适合自己的球拍？

你是否有穿着舒适、看起来炫酷的"战袍"？

在参与网球运动之前，如果你还没有做好准备，或者不清楚需要准备什么，那就赶快来了解一下吧！

令人神往的网球场

畅所欲言

你那样热爱网球，怎么能不了解网球场呢？网球场中有球网以及各种长度不同的线，你知道它们的作用是什么吗？不同材质铺就的网球场能够培养球员不同的风格和技巧，你是不是很想知道有哪些类型的球场呢？让我们一起去看看吧！

● 认识网球场及各个构成部分

标准的网球场，有标准的边线、中线、端线、发球线、中点以及与中线垂直放置的球网等。

根据网球运动项目，网球场地还可以分为单打网球场和双打网球场。

俯瞰网球场

第二章 炫酷装备：场地、器材与服饰

网球场上，最外端的白线以内（包含白线）的区域就是球场，而白线之外为外球场。外球场外围一般有铁网、排水结构等一些附属设施。球场、外球场、附属设施就是构成网球场的主要部分。

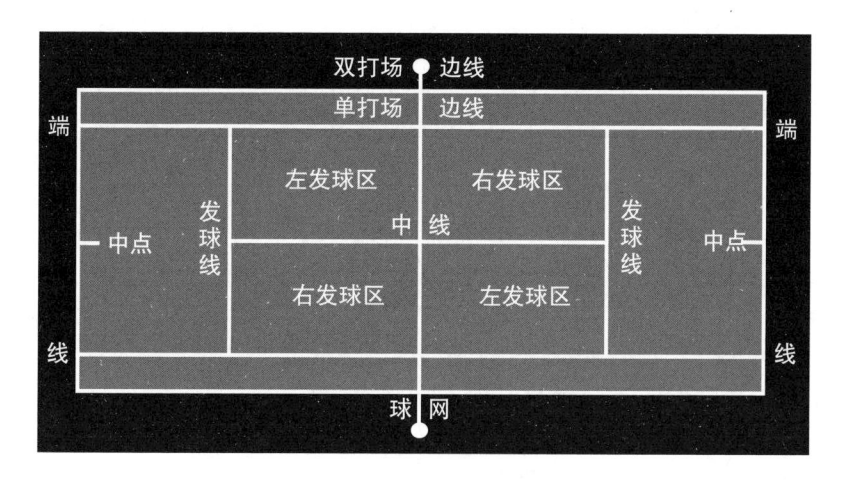

单双打兼用网球场示意图

单打网球场和双打网球场，怎样辨别？

知识锦囊

网球场有双打场和单打场，我们怎么练就"火眼金睛"，一眼就能区分它们呢？

了解下面这几点，你就能轻松区分单打网球场和双打网球场了。

单打网球场的边线与发球区域的边线重合。

双打网球场的边线距离发球区边线1.37米远。

单打网球场边线长8.23米；双打网球场的边线长10.97米。

网球场中，各个线条与区域都有其存在的作用和意义，初学者只有认清楚这些线和区域的作用才能更加顺利地学习网球。

边线：用于判断球是否出界；
有双打/单打线之分，双打使用外线，单打使用内线。

端线：端线又叫作底线，用于判断球是否出界；
可判断球员发球时是否踩线。

中线：中线与球网垂直，形成一个十字；
中线将发球区分为左右两个部分。

发球线：发球线是距离球网6.4米处与球网平行的两条线；
发出的球要落在发球线和球网之间的区域里。

发球区：发球区是指球发出去后落下的区域；
发球时按对角线发球，球要落在对角的区域里。

中点：中点是对中线的标记；
中点也是发球时用于限制球员的站位的标记。

球网位置：球网将球场分为大小相同的两部分；
双打时网柱要放在外线之外，单打时放在内外线之间。

网球场中各个线和区域的作用

不同材质的网球场

网球场有草地场、硬地场、土地场、合成橡胶场等不同类型。

如果你还没有到网球场上体验过打球的乐趣，你可能会觉得只要掌握一些打球的技巧，无论在什么材质的网球场上都能够用得上，这样想你可就错了。

不同材质的网球场有不同的特点，打球时也有不同的感受，对于球员身体素质、技巧等方面的要求也都不同。下面，就让我们认识一下这些不同材质的网球场吧！

◎ 草地网球场

草地网球场有以真草皮为材料铺成的，也有以人工制造的尼龙草皮铺成的。

真草网球场是一种历史悠久的球场，它对气候的要求较高，保养、维护的费用也非常高。尼龙草网球场相对真草网球场的维护成本较低、清理方便，不用人工画线，因而可以作为一种全天候的场地。

◎ 硬地网球场

硬地网球场是最为普遍的一类网球场，它一般由混凝土或者沥青铺就，在上面涂上漂亮的颜色、画上标准的线。

在混凝土或者沥青铺成的网球场上也可以铺上高级塑胶面层或者合成塑胶面层，用专用的胶水粘上去。

特点1：草地网球场有软而滑的特点。

要求：要求球员有高超的奔跑技巧。

特点2：球落地后与草地摩擦较小，反弹速度特别快。

要求：要求球员有敏锐的反应能力。

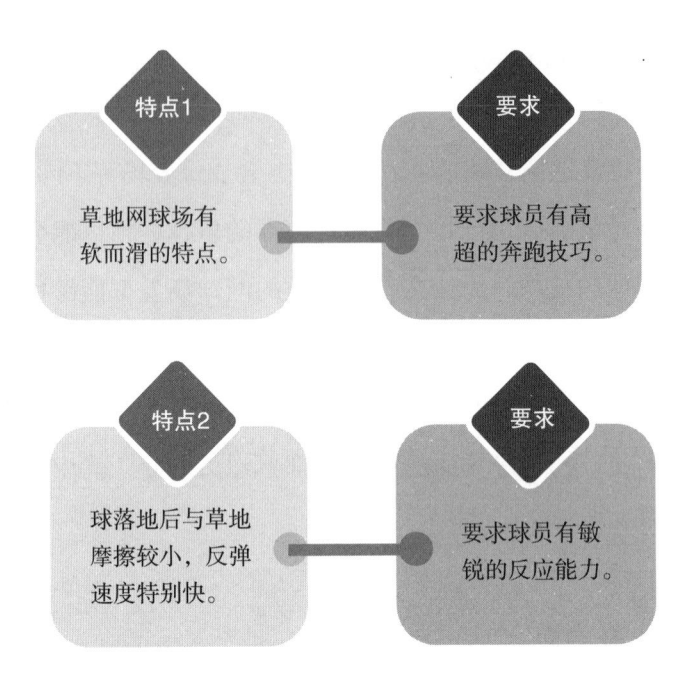

草地网球场的特点及对球员素质与技巧的要求

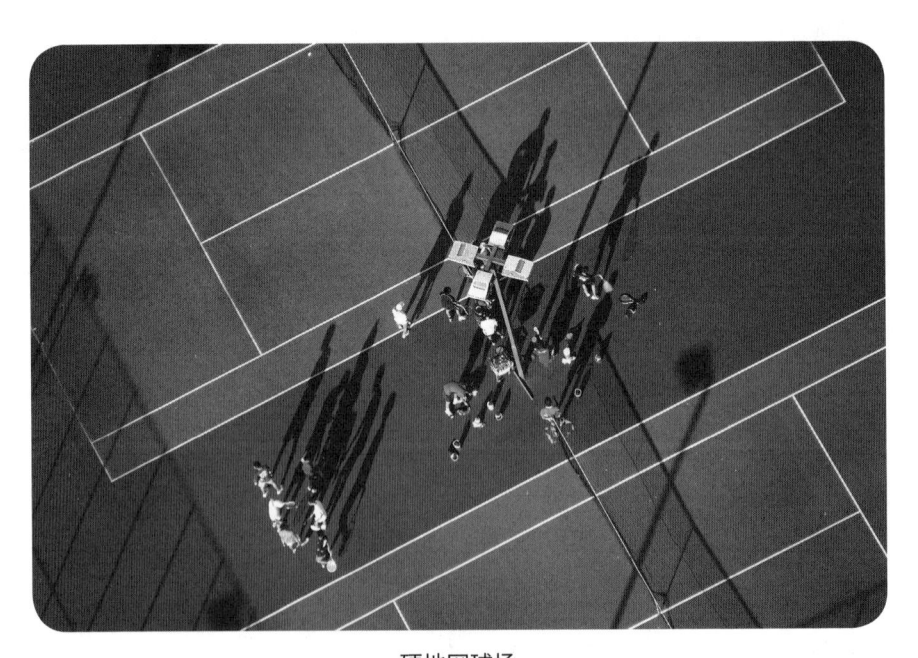

硬地网球场

硬地网球场具有表面平整、硬度高等特点，网球落在上面的时候弹跳有规律且反弹速度较快，因此也需要球员有敏锐的反应力。

硬地网球场相对于草地网球场更易于清理和维护，所以深受欢迎，许多公共网球场就属于硬地球场。

> **知识锦囊**
>
> **挑战硬地网球场，自我保护很重要**
>
> 硬地网球场的地面硬度高，运动员奔跑和移动过程中容易摔倒受伤，所以要做好自我防护。
>
> 那么，在硬地网球场打球应该怎样进行自我防护呢？为了保护膝关节，在打球的时候要时刻保持膝关节弯曲，保证有缓冲的余地；在奔跑时将身体的重心落在前脚掌，使身体更加富有弹性；击球时尽可能降低重心，这样能防止摔倒。

◎ 软地网球场

软地网球场的地面主要用红土、沙、泥、砖粉末等材料铺成。软地网球场表面松软，球落地后会产生较大摩擦，球速相对较慢。

当你在软地网球场打球时，你会明显感觉到脚下滑动的余地较大，这样打球的回合也较多。

当然，挑战软地网球场，你必须要有充足的体力，不然，也许比赛打到一半，你就跑不动了。

软地（红土）网球场

温故知新

不同材质的网球场都有各自的特点，让我们一起来总结一下吧！

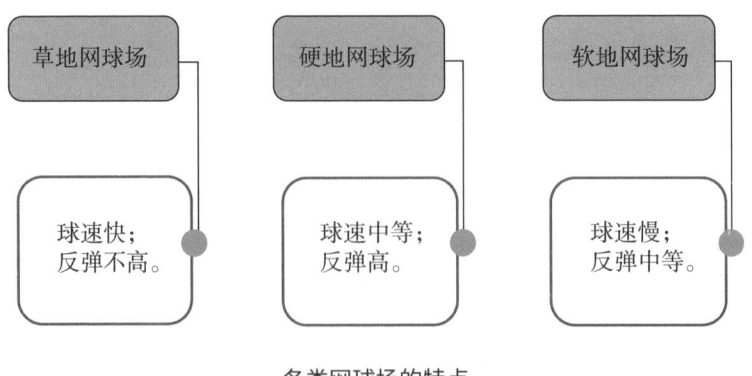

草地网球场	硬地网球场	软地网球场
球速快；反弹不高。	球速中等；反弹高。	球速慢；反弹中等。

各类网球场的特点

选择一把适合你的球拍

畅所欲言

> 如果你想要快速地掌握打网球的技巧，自在地挥拍击球，那么你就需要选择一把好的球拍。你知道怎样的球拍是好的球拍吗？其实，"好"的球拍应该是"适合"你的球拍。网球拍有很多规格，如何挑选一把适合你的球拍呢？

🎾 认识网球拍

在选择网球拍之前，我们先要知道网球拍的形状和构成要素。网球拍由拍柄、拍面、弦线、拍喉、拍框等部分组成，其中，拍面、拍框、弦线构成拍头，拍柄、拍喉构成拍身。

网球拍还有一个不得不提的重要部分，那就是甜区。甜区是球拍拍面上的一个区域，当球拍到这个区域的时候，球的弹力最大，球速最快，震荡与振动最小，球员感觉最舒服。一般来说，网球拍拍面越大则甜区越大。

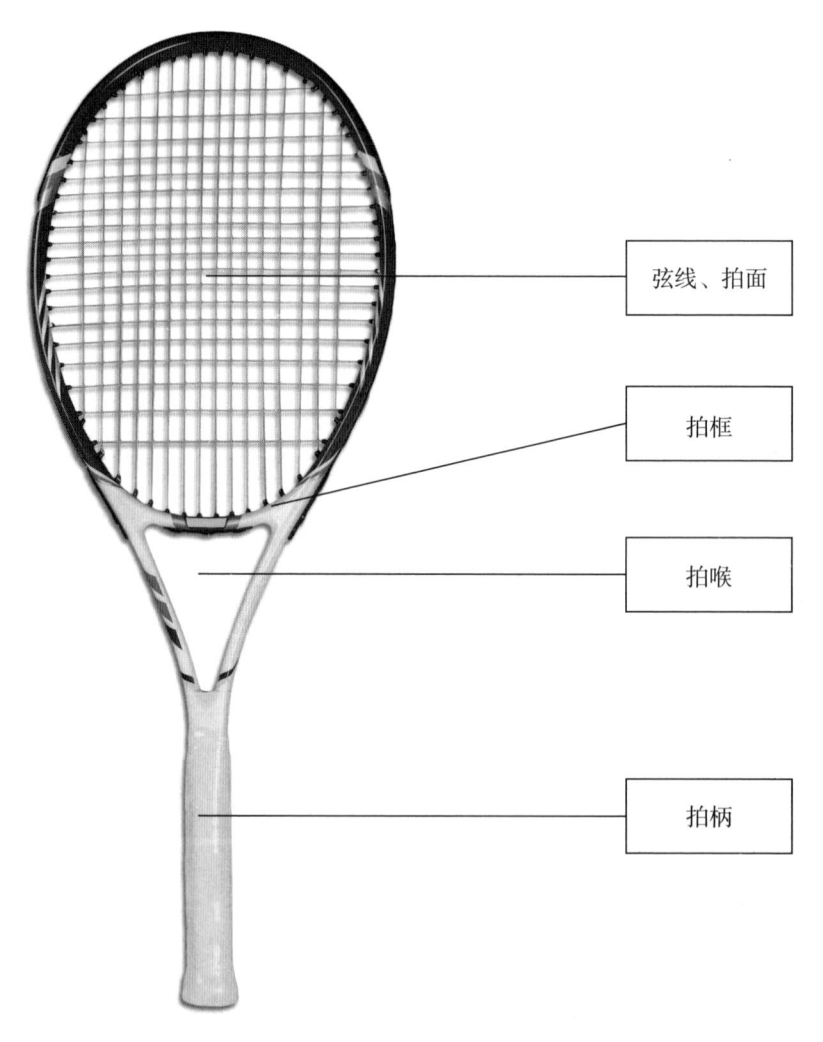

网球拍

网球拍与羽毛球、壁球拍的区别是什么？

知识锦囊

网球拍、羽毛球拍、壁球拍给人的感觉都比较相似，那么我们怎样区别这些球拍呢？

网球拍与羽毛球拍、壁球拍相比，在形状、重量上有所不同。

羽毛球拍用铝合金材料制成，握在手中非常轻，拍柄细长，没有拍喉；网球拍则多用碳纤维材料制成，比羽毛球拍重很多，拍柄短粗。

壁球拍比网球拍轻一些，但比羽毛球拍重。壁球拍的拍面更圆、更小，拍杆更长；网球拍的拍面较大，拍杆较短。

羽毛球拍

壁球拍

选择网球拍

◎ 通过重量和拍面尺寸选择球拍

网球是一种彰显技术和力量的运动,在这项运动中,青少年要按照自己的力量和技术水平选择重量和尺寸都合适的球拍。

表 2-1 不同型号网球拍拍面尺寸表

（单位：平方英寸，1 平方英寸 =6.4516 平方厘米）

拍面型号	中型	中大型	大型	超大型
穿线面积	<94	95～104	105～115	>116

表 2-2 不同型号网球拍重量表

（单位：盎司，1 盎司 = 28.35 克）

球拍型号	轻型	中轻型	中型	重型
重量	11～13	13～13.5	13.5～14	14～15

青少年力量较小，在初学网球时选择轻便、拍面较大的网球拍更易上手，而且使用这样的网球拍可以减少回球的失误率，能更好地培养球员的灵巧度、敏锐度和球感。

型号适中的网球拍具有击球力量较大、回球加速度较好的特点，适合技能较高的成人或者职业球员。青少年的技能和力量提升到一定程度的时候可以选择这种球拍，但一般要慎选。

◎ 通过拍把选择球拍

拍把有粗细长短之分，青少年可根据自己的手掌大小、身高来选择握起来舒服的球拍。

使用拍把太粗的球拍打球，时间长了之后容易使人疲劳、反应迟钝、灵敏度下降；拍把太细的球拍不易紧握，在接力量较大的球时容易松动、翻拍。所以，在选拍的时候不能选太粗的，可以尽量细一些，如果实在太细可以缠一些薄缠把，方便握紧球拍。

拍把长短可按照身高来选。用手捏住握把站直，网球拍如果正好能够接触到地面，就是相对合适的长度。

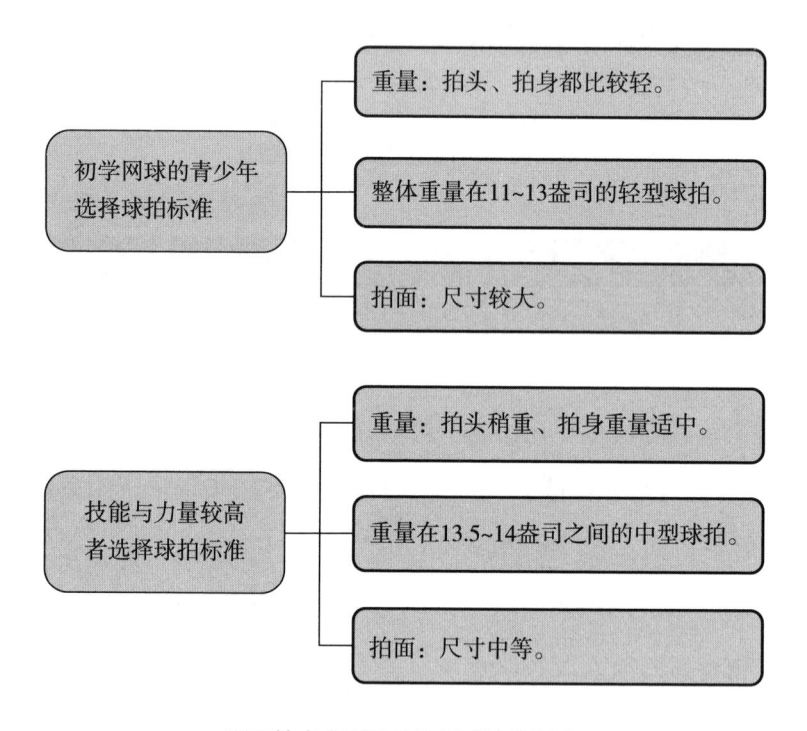

初学网球的青少年选择球拍标准：
- 重量：拍头、拍身都比较轻。
- 整体重量在11~13盎司的轻型球拍。
- 拍面：尺寸较大。

技能与力量较高者选择球拍标准：
- 重量：拍头稍重、拍身重量适中。
- 重量在13.5~14盎司之间的中型球拍。
- 拍面：尺寸中等。

不同技术水平球员选择球拍的标准

◎ 按照训练目标和打球方式选择球拍

如果你已经体验过打网球的快感，并且确立了训练目标，那么就要按照自己的目标来选择适合的球拍。当你打网球的技能得到提升以后，在一定程度上要按照自己一贯的打球方式来选择合适的球拍。

需要增加灵活度：选择小型拍面、拍头稍轻的网球拍。

需要增加力量和攻击力：选择小型拍面、拍头较重的网球拍。

按照训练目标选择球拍

底线型打法：选择拍头稍重、材质较软、拍框较薄、拍把较长的球拍；攻击型球员选择小拍面球拍，防御型则选用大拍面球拍。

上网型打：选择拍头稍轻的网球拍。

按照打球方式选择球拍

养护网球拍

经过不断地比较和衡量，或许你已经选择了一把合适的网球拍，但你知道吗，网球拍怕潮，忌暴晒、挤压、摔砸和闲置，所以要注意保护好网球拍。下面，详细了解一下网球拍的养护知识吧！

打球注意：
不摔拍、砸拍、不长期在甜区外暴击球；
弦线断了之后停止打球，并且要及时维修。

球拍防潮：
不打湿球，不在雨天打球，球拍湿了及时擦干；
不将球拍与汗湿了的衣服一同放在球包中。

球拍防晒：
不要将球拍扔到球场上暴晒；
夏天不将球拍放在汽车后备箱。

球拍拍把护理：
球把汗湿之后要及时擦干，准备拍把皮及时更换；
皮质的拍把要定期用肥皂清洗。

球拍防挤压和闲置：
不将球拍放到太挤、太满的球包中；
经常打球，避免球拍闲置太久。

网球拍的养护

第二章 炫酷装备：场地、器材与服饰

温故知新

初学网球的青少年最好选择基础的、容易使用的网球拍，不要选择太过专业的球拍。球拍选好后一定要爱惜它，不能让它受潮、暴晒、闲置，也不要挤压、摔砸它。

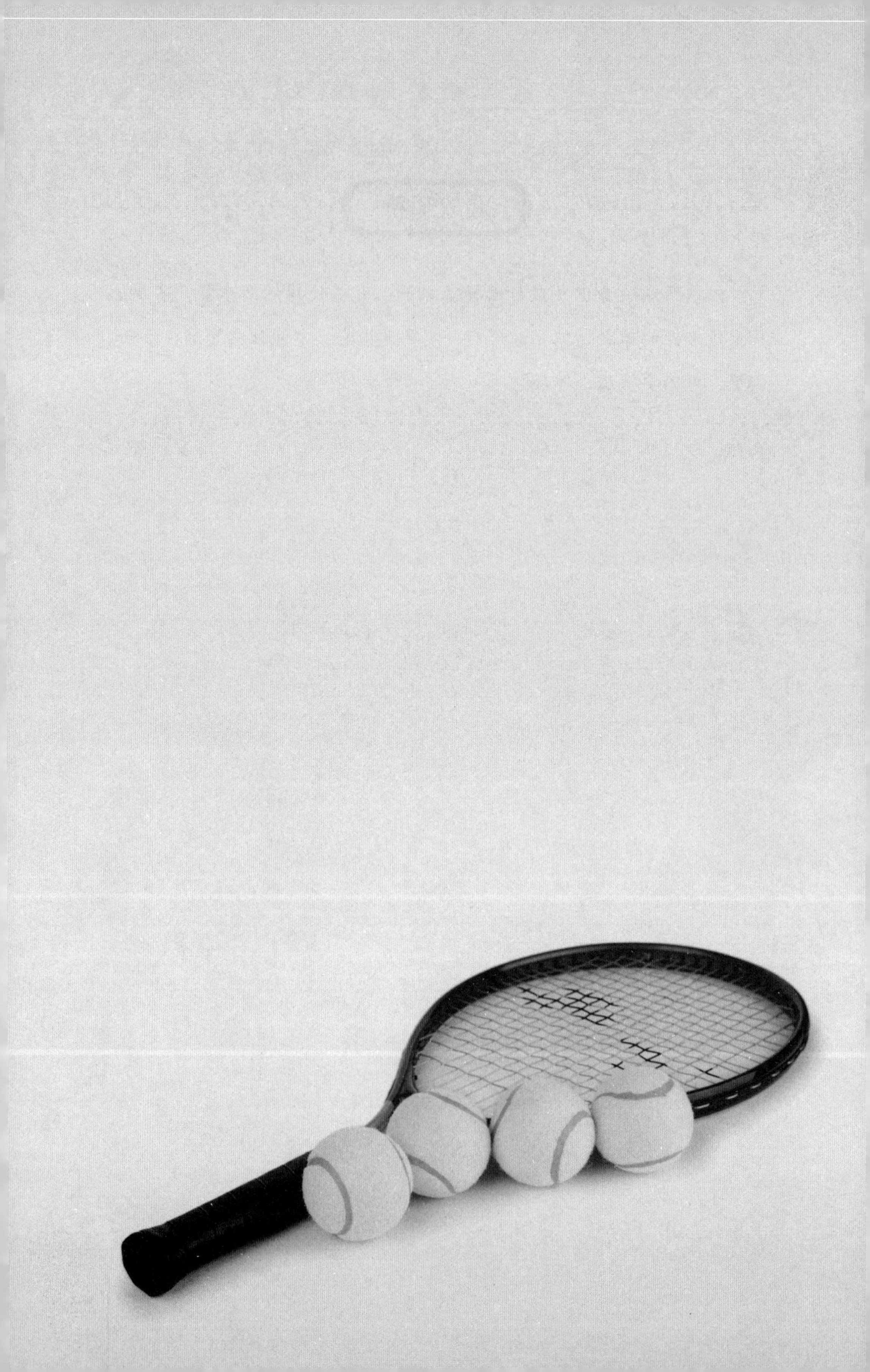

不同规格的网球

畅所欲言

可能在你的印象中，网球都是亮黄色的小圆球，都长得很像，分不清它们的规格和种类，但当你真正要接触并尝试打网球的时候，就不能不知道网球的规格以及不同种类网球的用途了。

网球的构成

网球按照国际的标准来制造，里面由橡胶制成，外面覆盖无缝的纤维层面，纤维由羊毛和尼龙混合而成。

标准网球的颜色有白色和黄色，人们比赛或者平常打球时多用黄色网球，这种色彩与球场的色彩形成鲜明的对比，有利于球员追踪球。

为训练准备的网球

网球的选择

网球有不同的硬度、压力以及毛毡厚度、编织方式等，不同规格和类型的网球适用于不同水平的人群、不同的场地和不同的地域，那么，具体该怎样选择网球呢？快来了解一下吧！

◎ 初学者如何选择网球

初学者接球和控球的技术并不成熟，而专业的网球一般球速较快，不利于其初步的训练,所以初学者应该选择软一些的无压力网球和海绵网球,这些球的球速更慢,更容易上手。

◎ 具备一定技术水平时如何选择网球

当你有一定的技术水平的时候,必须选择标准的网球进行训练。标准的网球不仅有软硬度和压力大小之分,也分为加强型、常规型等类型,在选择的时候需要考虑场地、区域等相对复杂的因素。

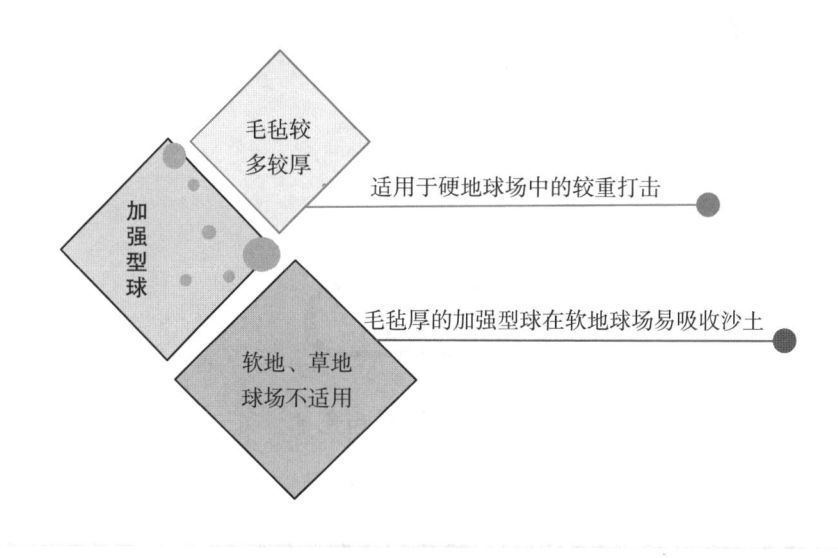

加强型球
- 毛毡较多较厚 —— 适用于硬地球场中的较重打击
- 毛毡厚的加强型球在软地球场易吸收沙土
- 软地、草地球场不适用

加强型球的选择

知道了如何选择常规球和加强球,我们就可以按照自己的需求去选择自己的网球了。如果你多在草地场上打球,就可以选择草地专用网球;如果你处在海拔较高的区域,那么选择低压力或者无压力的网球会更合适,这样球的反弹速度不会过急过快。

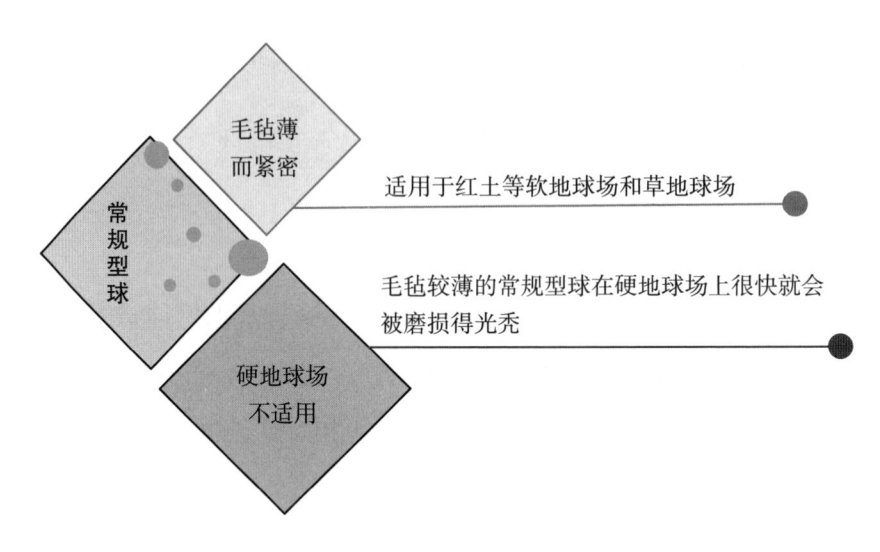

```
                    毛毡薄
                    而紧密        适用于红土等软地球场和草地球场
         常规型球
                    硬地球场      毛毡较薄的常规型球在硬地球场上很快就会
                    不适用        被磨损得光秃
```

常规型球的选择

温故知新

标准的网球都有其固定的制作材料和色彩，在选择网球的时候要按照自己的技术水平以及经常使用的球场进行判断，一定不要误以为外表相近就会有差不多的功用，这是错误的想法。

专业的网球服饰

畅所欲言

在服装的选择上，人们总是追求优美的款式，但网球服的选择一方面要舒适，另一方面也要讲究礼仪，所以不能只追求款式的优美华丽。那么我们打网球到底怎样穿才合适呢？选择怎样的服饰才是舒服又合适的呢？让我们去了解一下专业的网球服装吧！

网球服的演变

网球最早产生于宫廷，当时的网球服饰追求优雅的效果，这大大限制了球员的技术水平。

至20世纪早期，网球烦琐的服饰便简化了，但男生穿长裤，女生穿长裙的要求依旧束缚着球员，这使得他们无法很好地在球场上展示自己的技能。

如今对于网球服饰的要求放松了很多，以追求舒适为主，穿T恤、短裤就可以上场。

穿网球服的男孩

穿网球服的女孩

知识锦囊

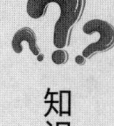

网球防护装备要知道

初学者刚刚参与网球运动时，容易造成身体的损伤，为了更好地保护身体，需要了解一下各种防护装备及其作用。

装备	作用
网球帽	网球帽可以有效地遮挡阳光，防止晒伤。
头带	头带可以束缚头发，也可以防止汗水流到眼睛中。
护腕	护腕对手腕进行加压，保护其避免受伤，并防止汗流到手中。
护肘	护肘带在肘关节内外加硅胶片，能够降低肘关节负荷。
护膝	护膝内有厚的硅胶垫，可以降低膝关节负荷，也能防止摔伤。

网球防护装备的作用

● 比赛着装

如今网球比赛对球员的着装要求已经变得很宽松了，他们可以穿着各色各样的网球服去打比赛。但一些要求较高的比赛依然要求球员穿上专业的网球服。男性和女性的专业网球服有所不同，但服饰的颜色都以白色为主。

男生 专业网球服要求	上衣为带领半袖运动T恤； 裤子为网球短裤，颜色以白色为主。
女生 专业网球服要求	上衣为中袖或者无袖的T恤衫，下身为短裙； 也可直接穿连衣网球裙，颜色以白色为主。

男性和女性的专业网球服要求

网球鞋怎么选

畅所欲言

打网球时,常见的急停急转、滑动、跑动、凌空腾跃等动作都需要脚来完成,所以当你要去打网球的时候,一定要选择一双合适、舒适和专业的鞋子。网球鞋不能盲目地选择,要根据自己的需求进行选择。那么,这些需求具体是什么呢?怎样根据这些需求选择适合自己的鞋子?

● 按照不同场地进行选择

不同的场地对于鞋底有不同的要求,因此在选择网球鞋的时候要根据自己常去的球场类型进行选择。如果你长期奔波于几类球场之间,那么可以选择综合功能的专业网球鞋。

草地	场地较滑,应选择有突出胶状纹路鞋底的专业网球鞋。
硬地	硬地摩擦力较大,适合选择有细密人字纹平滑鞋底的鞋子,鞋底材料应厚实耐磨。
软地	软地网球场与鞋底的摩擦较小,适合有宽波沟纹鞋底的鞋子,普通橡胶材质即可。

不同网球场地对鞋底的要求

● 按自身尺寸进行选择

要选择适合自己尺寸的鞋子,可以在下午或者晚上去选择,因为这些时间从理论上来讲是试鞋尺码较为准确的时段。当然在选择舒适的尺码的同时,也要选择质量可靠、内部材料柔软舒服的鞋子。

第二章　炫酷装备：场地、器材与服饰

温故知新

我们在选择网球鞋时，只选择一双尺寸合适、舒服的运动鞋是不对的，而要根据场地、脚的尺寸等因素，选择专业的网球鞋。你现在知道怎样选择网球鞋了吗？快跟你的小伙伴一起去选择你们的网球鞋吧！

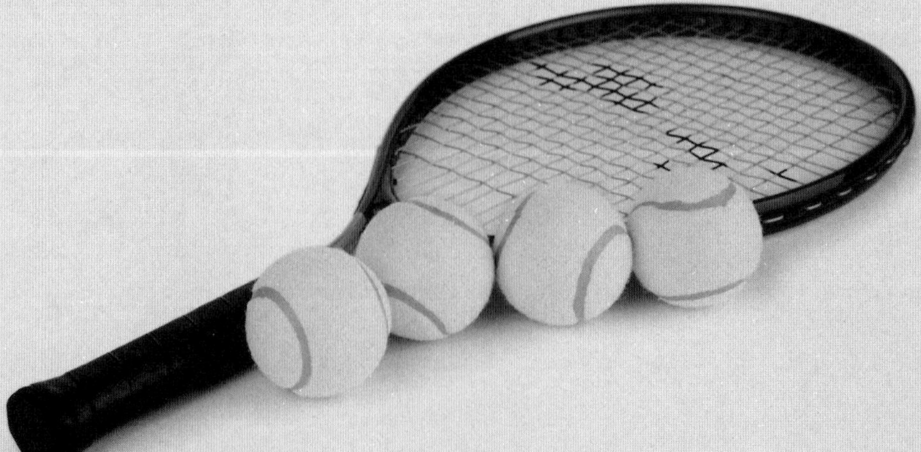

不同类型的网球包

畅所欲言

为了出行方便,也为了更好地保护你的网球设备,拥有一款合适的网球包是非常必要的。那么,我们应该怎样选择网球包呢?与我一起了解不同类型的网球包,然后再确定你需要怎样的网球包吧!

● 双肩网球包

双肩网球包和双肩包差不多,可以装一到两支网球拍,带有装网球鞋的单独舱包,好一点的还有很好的透气功能。

双肩网球包

多支装网球包

多支装网球包是指能够装多支网球拍的大包。这种网球包有3支、6支、9支和12支装球包，一般里面带有恒温隔热的舱袋，能够很好地保护网球拍。多支装网球包也带有单独的球鞋舱包。

多支装网球包

多用途网球包

多用途网球包比较大,可以装球拍、球筒、手柄胶等网球设备,也可以装网球帽、护腕、头带、鞋、运动衫等衣着用品,还可以装零食、水以及一些生活用品等,是不是很实用呢?

如果你要出远门去参加培训或比赛,建议你选购带有轮子的网球包,它会让你的网球之旅更轻松、方便。

第三章

新手入门：学练技术感受网球魅力

热闹的网球赛场上,

运动员潇洒地挥动着球拍,酣畅淋漓。

网球在空中快速飞行、旋转,

球拍接触网球,击球之声不断响起。

看到帅气的击球、漂亮的回击,你是否羡慕不已?

怎样才能在网球场上练就"凌波微步",实现快速移动?

如何准确握拍,"人球合一"?

你必须掌握网球握拍、移动、挥拍的技术,建立良好球感。

一起来解锁这些网球运动的基础技能吧!

积极备战：握拍与准备

掌握好握拍方式是青少年网球运动者打好网球的基础。正确的握拍方法可以帮助初学者取得更好的成绩。握拍看似简单，但是里面有一定的门道，而且握法不同，打球的效果也不同。

对于网球场上的选手而言，合适的握拍方法能帮助他们打出好球。只有掌握并且了解这些握拍的方法，才能够打出流畅、准确、爆发力十足的球。

网球握拍方法有哪些

如果你仔细观察打网球的运动员，就会发现他们握拍的方式并不是一成不变的，而是有很多种类型。

在打球时，千万不要太用力地抓球拍，而是要灵活地去握拍，否则就会很难控制住球拍，而且会很累。

掌握基础的握拍方法，也是打好网球的重要一步。下面我们就来看看有哪些主要的握拍方法。

学习握拍的少年

东方式握拍法早年曾经在美国的东海岸流行，分为正手握拍和反手握拍。

正手握拍时，用右手握住拍柄，虎口"V"字形与拍柄的第四条棱线相对，食指弯曲，其他手指抓住拍柄。

反手握拍时，右手握住拍柄，虎口"V"字形处与拍柄的第二条棱线相对，其他与正手握拍法是一致的。

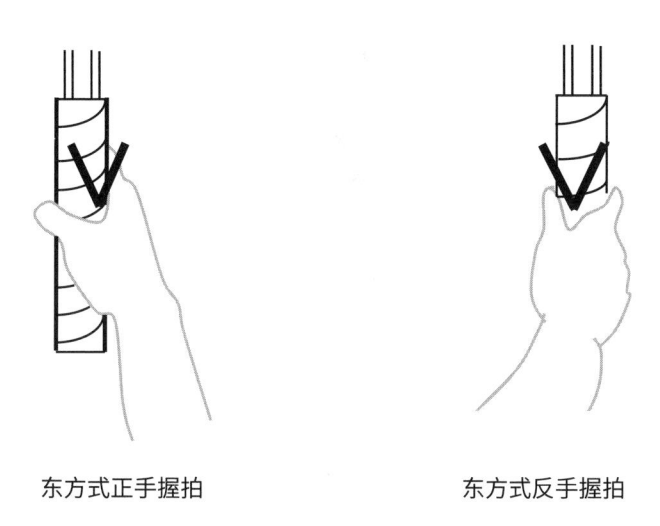

东方式正手握拍　　　　　　东方式反手握拍

采用这种东方式握拍法，容易打出力度强和具有穿透性的平击球，但不适合打高球。因为击出的多是平击球，稳定性差一些，所以也不适合多回合的打法。

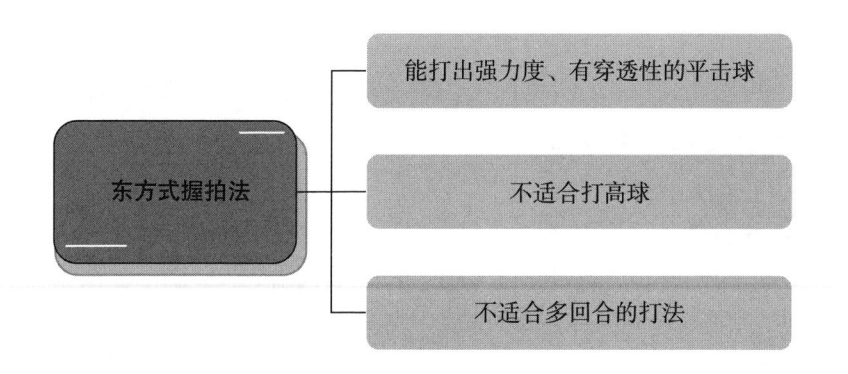

东方式握拍法 —— 能打出强力度、有穿透性的平击球
　　　　　　 —— 不适合打高球
　　　　　　 —— 不适合多回合的打法

东方式握拍法的特点

西方式握拍法曾在美国西部海岸加利福尼亚州一带流行。用右手虎口的"V"字形对准拍柄的第五、六条棱线之间。这种握法的难度较大，不适合新手采用。

西方式握拍法

使用西方式握拍法打反弹球时，正手能打出漂亮的上旋球，反手大多会打出斜球。西方式握拍法能打跳球和齐腰高球，但不适合打截击球和低球。

西方式握拍法
- 正反手击球使用同一个拍面
- 特别适合打跳球和齐腰高球
- 不适合打截击球和低球

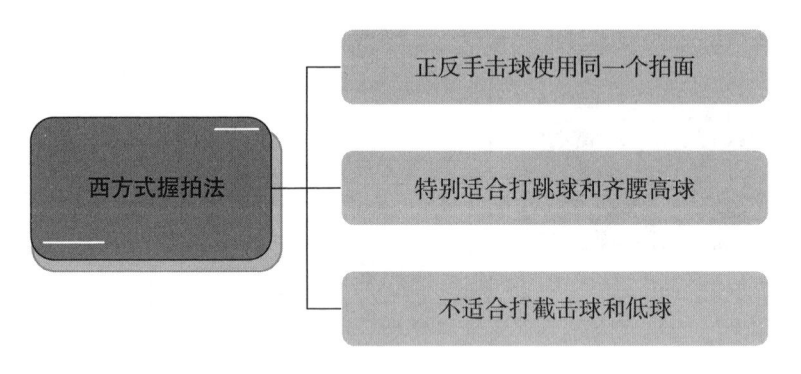

西方式握拍法的特点

大陆式握拍法以前在欧洲（尤其是法国的草地网球赛）风靡一时。握拍时，右手虎口的"V"字形对准拍柄的第三和第四条棱线之间，因握姿独特，也被称为"握锤式"握拍法。

大陆式握拍法

这种握拍法适合打任何类型的球，多用于打截击球和发球，但不适合打高速的落地球。

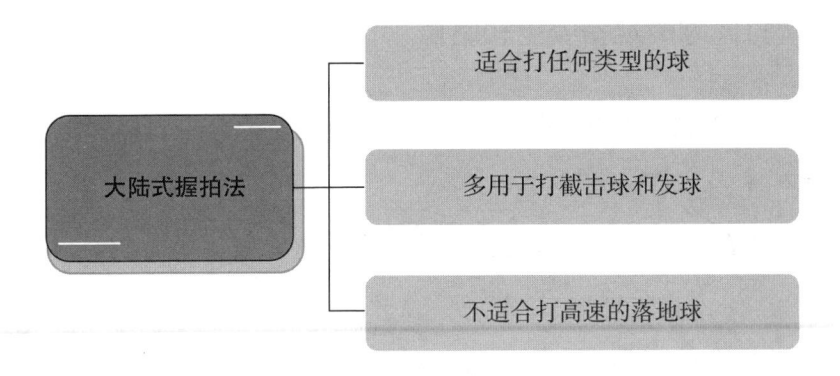

大陆式握拍法的特点
- 适合打任何类型的球
- 多用于打截击球和发球
- 不适合打高速的落地球

半西方式握拍法，适合底线型选手，右手握拍柄，虎口"V"字形正对拍柄的第五条棱线。

采用这种握法能打出稳定的上旋球，更容易控制球的落点，适合在放高球和打小斜线时运用，是现代网球中比较流行的正手抽击球握拍方式。

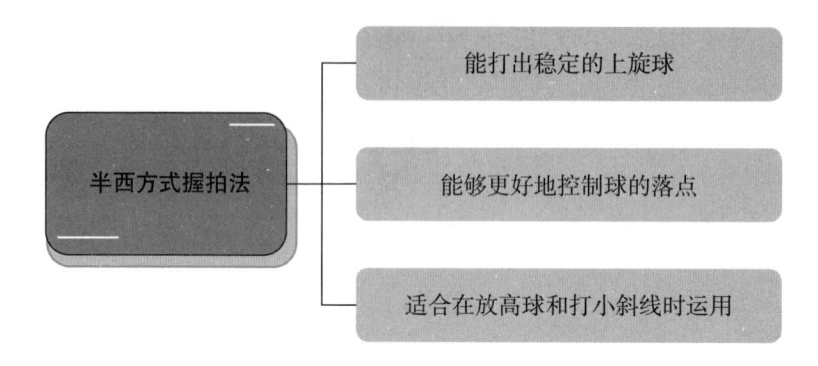

```
                ┌──  能打出稳定的上旋球
半西方式握拍法  ├──  能够更好地控制球的落点
                └──  适合在放高球和打小斜线时运用
```

半西方式握拍法的特点

在打网球时，要注意选择合适的握拍方式，做好打球前的准备工作，这样才能够事半功倍，发挥出自己的最佳水平，打出精彩的好球。

打网球的准备姿势和站位

在练习打网球的过程中，掌握正确的握拍方法非常重要，同时，也不能忽视正确的准备姿势。

那么，打网球前的准备姿势都有哪些呢？具体如下：

姿势	双脚开立，做出半蹲动作
眼睛	目视来球
膝	膝盖微微弯曲

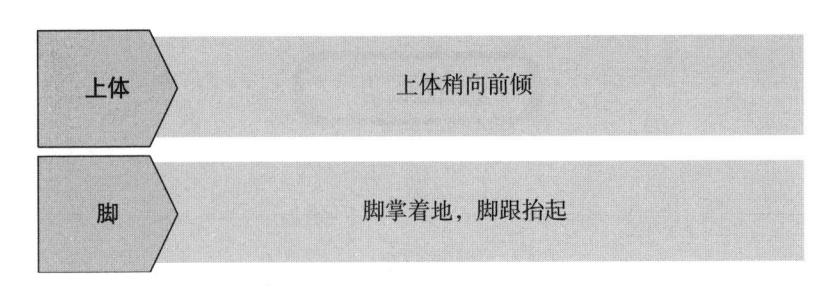

第三章 新手入门：学练技术感受网球魅力

上体	上体稍向前倾
脚	脚掌着地，脚跟抬起

打网球的准备姿势

在场上打球时，还要注意选择合适的站位。打球时，需要运动员根据比赛的具体情况来选择合适的站位。在单打比赛中，运动员在击完球之后，如果每次都能够跑回到场地的中点，便是找到合适的站位了。

当然，如果你站的位置，能够还击对方打来的不同方向的来球，也可以认为是比较合理的站位。否则，就说明站位不合理。

合理选择站位

温故知新

握拍方法大汇总

打网球时，你最喜欢或最习惯用哪种握球方法呢？参与网球运动，应认识和掌握网球运动的基本握拍方法，并选择一种最适合自己的不断练习巩固。

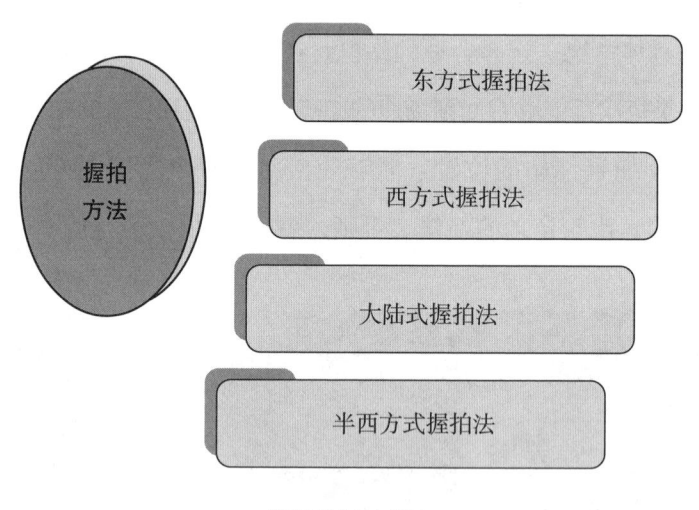

握拍方法:
- 东方式握拍法
- 西方式握拍法
- 大陆式握拍法
- 半西方式握拍法

常用的握拍方法

制胜法宝：移动步法

要想打好网球，不仅要注重握拍和挥拍的手法，还要注意移动步法的练习。掌握移动步法对于打好网球而言，是非常重要的。只有在移动中找到合适的击球点，才能漂亮出击。

采取正确、合理的移动步法，能够帮助运动员准确、有效地击球。如果说手法是网球技术的关键，那么移动步法则是网球运动的基础。移动步法是打好网球的制胜法宝。

丰富多样的移动步法

你有没有发现，在观看网球比赛时，总是能看到运动员在场上不断地来回移动身体，然后迅速站稳，等待击球。运动员为什么来回移动呢？他们的移动又藏着怎样的步法秘密呢？

当你尝试打网球时，为了能更方便、及时地击球，积极移动是非常重要的。

在场上，你必须在判断出球的落点之后，迅速移动到击球位置，否则，就会很难与对方选手抗衡。

移动上网

下面让我们一起来详细认识一下网球运动中丰富多样的移动步法吧。

◎ 滑步

面向球网，双脚向左或向右运动。左移时，蹬右脚，移动左脚，右脚跟着移动；右移时，蹬左脚，移动右脚，左脚跟着移动。

滑步的移动速度不快，当来球距离自己比较近的时候，可以运用这种移动步法。

向右　　　　　　　向左

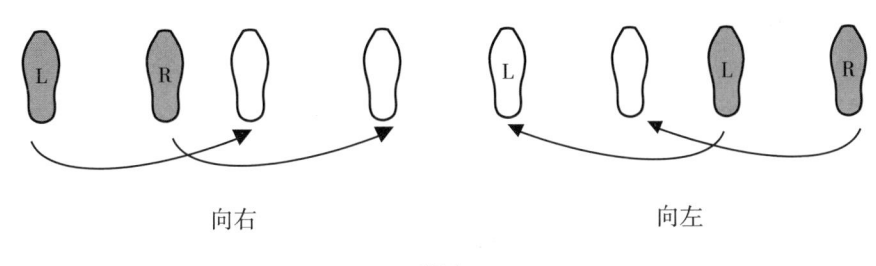

滑步

◎ 交叉步

双脚交替移动,可以向前、向侧或向后移动。特点是步幅比较大,也很迅速,便于制动。

在击正手球和高压球时可以使用这种移动步法。

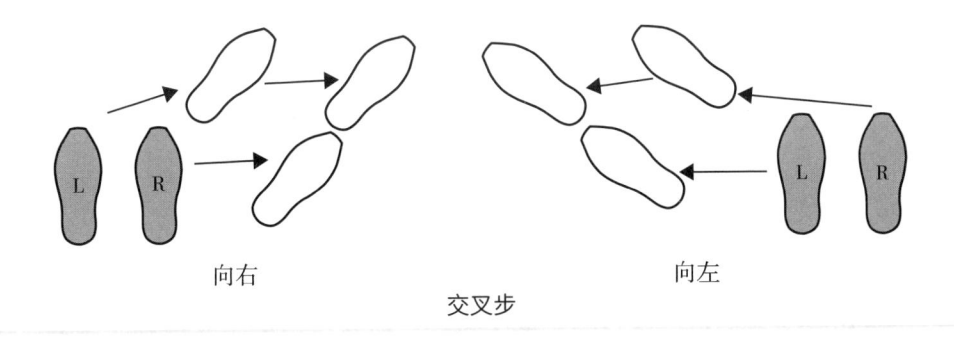

向右　　　　　　　向左

交叉步

◎ 跨步

身体前倾,弯曲膝盖,把身体重心放在跨出的那只脚上。一条腿蹬地,另外一条腿往来球的方向跨出去。

跨步的跨距比较大,常用在回击反弹球时。

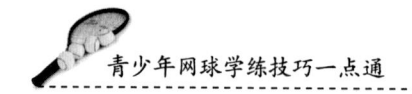

◎ 跑步

一只脚蹬地，另一只脚再跟上去，交替进行。两条手臂前后摆动。等到球近了，再奋力去击球。

跑步的移动速度快，方便随时改变方向。

◎ 垫步

两脚同时着地，重心下降，把球拍放在胸前，为击球做准备。

◎ 综合步

综合运用各种步法，在网球的实战中，可以根据实际情况恰当灵活运用。

积极移动有窍门

在网球场上，积极移动是成功接球、漂亮回击的重要基础。要更好地掌握网球移动技巧，应注意以下几点：

移动前准备姿势：
双脚前掌着地，脚后跟微微抬起，屈膝，左右摇摆，准备随时迎接来球。

保持重心的平稳：

移动时不宜急迫，要保持重心的平稳，这样才能保证后续击球的稳定。

注意支撑脚的位置：

移动时，务必选择好支撑脚的位置，先确定支撑脚，位置选定后，再迈出另一脚。

移动时的原则：

判断及时，快速反应，能够选择合适的步法，转换也要合理。

网球移动步法小窍门

知识锦囊

网球移动步法学练小技巧

保持身体的平衡

在网球比赛赛场上，不可能跟平时的练习那样，在击球点等着击球，往往是来不及提早到位，只能用更加开放的站位去完成击球。在移动时，一定要保持好平衡，避免摔倒。

掌握好运动节奏

尽量在移动中不要有太多的小碎步，太多的碎步会导致运动节奏的混乱。初学者很容易采用小碎步接近击球点。但是很多网球高手往往大步移动，很少用小碎步来移动。

策略上重视防守

很多网球少年喜欢采取进攻步伐去击球，却往往不在意防守。然而顶尖网球高手并不只擅长进攻，他们也很擅长防守，会适时用防守步伐来等待进攻机会。

移动步法是网球运动的重要基本技能。你只有了解各种移动步法的特点，能够灵活运用各种移动步法，才能在网球场游刃有余，展现出高超的技术。

温故知新

网球移动步法大集合

网球移动步法是你必须掌握的基本技能，这是你学练其他网球运动技能的重要基础，千万别觉得它无趣或不重要。

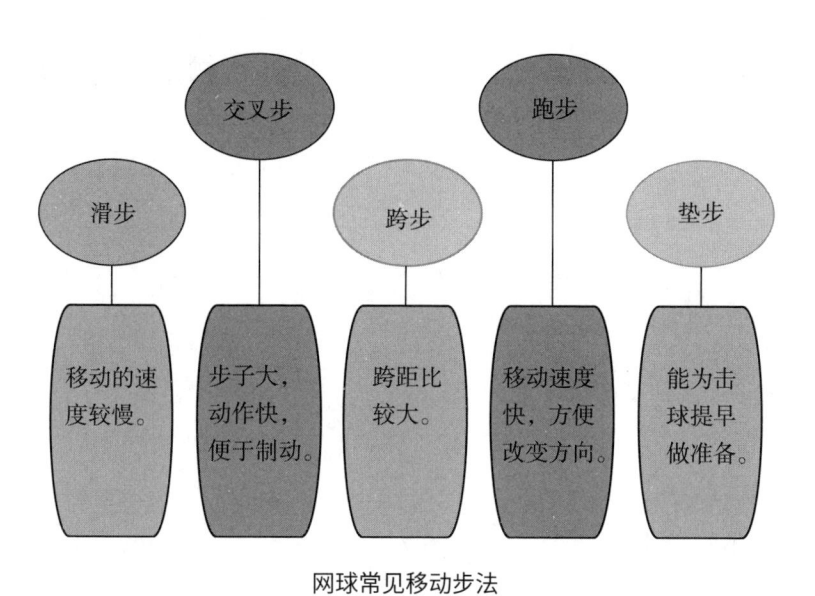

第三章 新手入门：学练技术感受网球魅力

- 滑步：移动的速度较慢。
- 交叉步：步子大，动作快，便于制动。
- 跨步：跨距比较大。
- 跑步：移动速度快，方便改变方向。
- 垫步：能为击球提早做准备。

网球常见移动步法

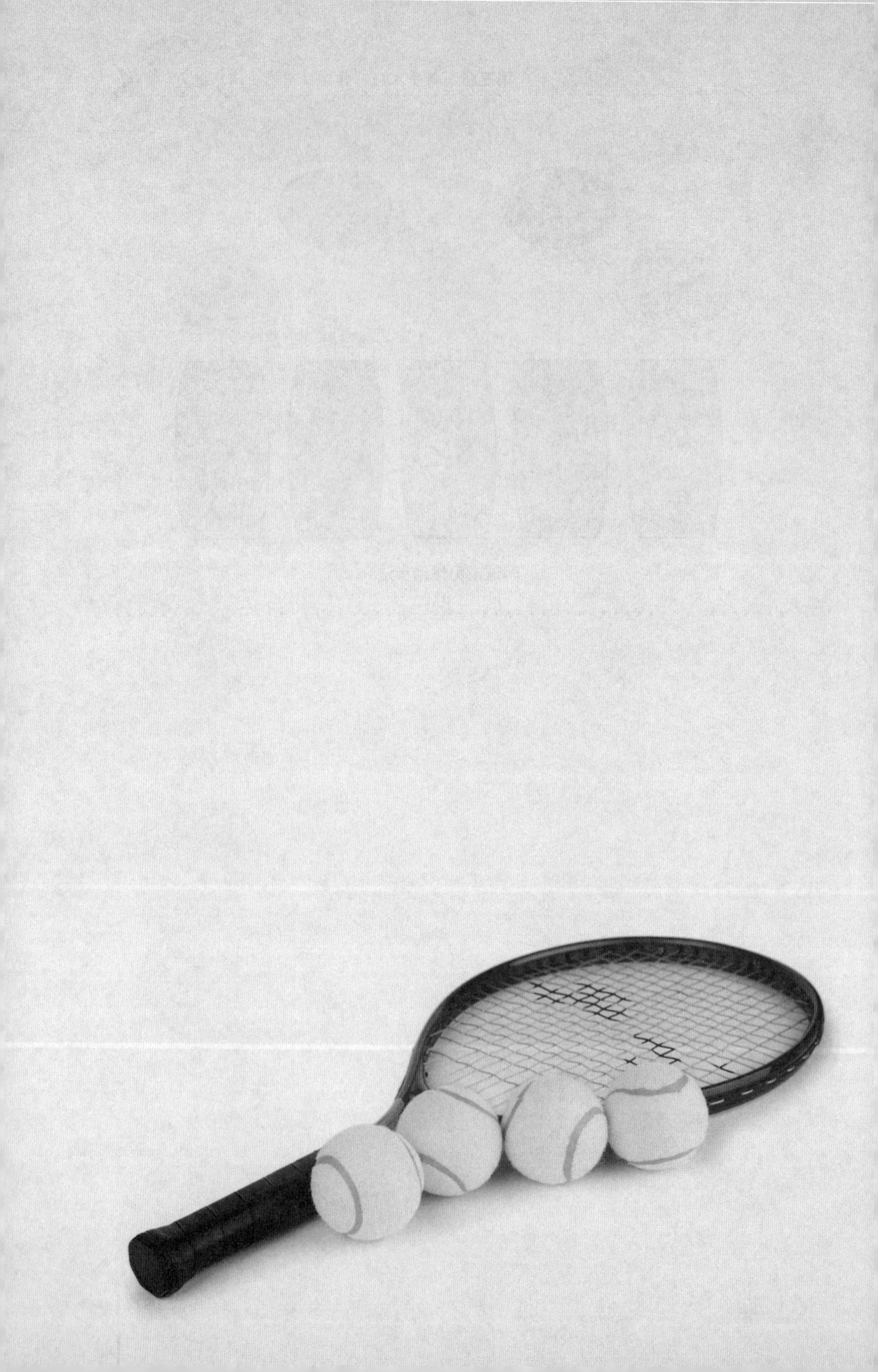

优雅的空中弧线：挥拍

网球场上，少年们挥动着手臂，金黄色的小球随着球拍的挥打，在天空中划出一道道优美的弧线。

网球场上连续挥拍击球的声音清脆悦耳，仿佛是一段优美的旋律。

挥拍练习

或许你会觉得:"挥动球拍很简单,不就是挥动手臂吗?很容易的呀!"这你可就想错了。

网球挥拍,看似简单,其实并不容易。它是从准备动作开始的连续完整的一整套动作,要做好挥拍动作,还得好好练习呢!

重要的挥拍

想要做好这个动作,就得先了解一下挥拍的姿势,只有姿势做得标准了,才能保证挥拍击球的效果。挥拍动作是由准备姿势、后摆、前挥、击球、随挥等组成的。

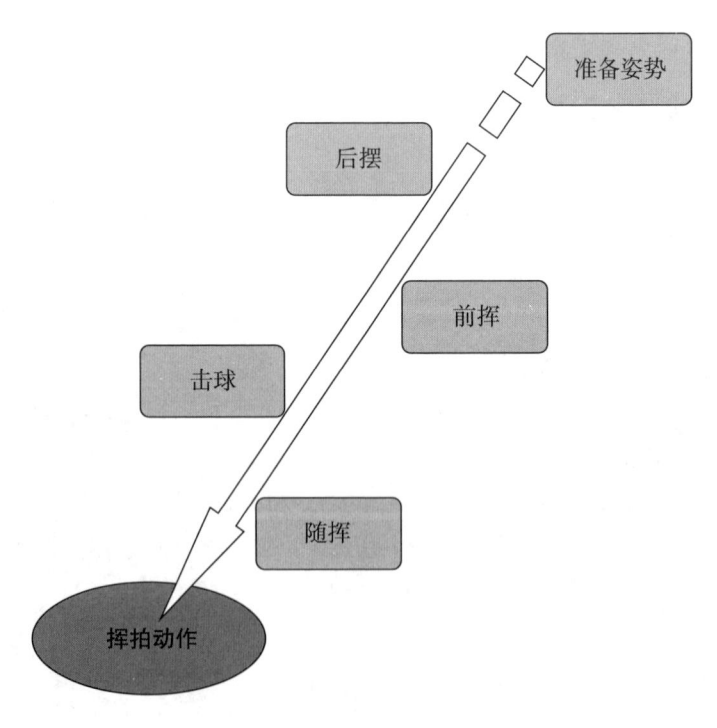

挥拍动作的组成部分

如果你想做出标准的挥拍动作，就一定要了解挥拍动作的要领。

准备：面对球网，双脚开立，上体前倾，右手握拍，左手扶拍，球置于胸的部位之间，目视来球。

后摆：挥拍击球前，向后挥摆球拍。可以从上往下、直线方向、从下往上进行后摆。如果正手击球，就从上往下向后面挥拍。

前挥：目视来球，保持拍面稳定，尽可能地从水平方向挥拍。注意不要太过用力，否则会影响击球的效果。

击球：保持拍面稳定，击球时要用力握紧球拍后面挥拍。

随挥：击球后，把球拍向挥拍的方向挥出去。

挥拍动作要领

特别需要提醒你的是，无论是在训练还是比赛，做完挥拍动作后，都应该尽快回到准备姿势，做好下次击球的准备。

挥拍注意事项

想打出一个好球,在击球时就要准确判断出击球点。选择不同的击球点,挥拍方向也会随之发生变化。

那么,击球点位置和挥拍的方向之间的联系又是怎样的呢?

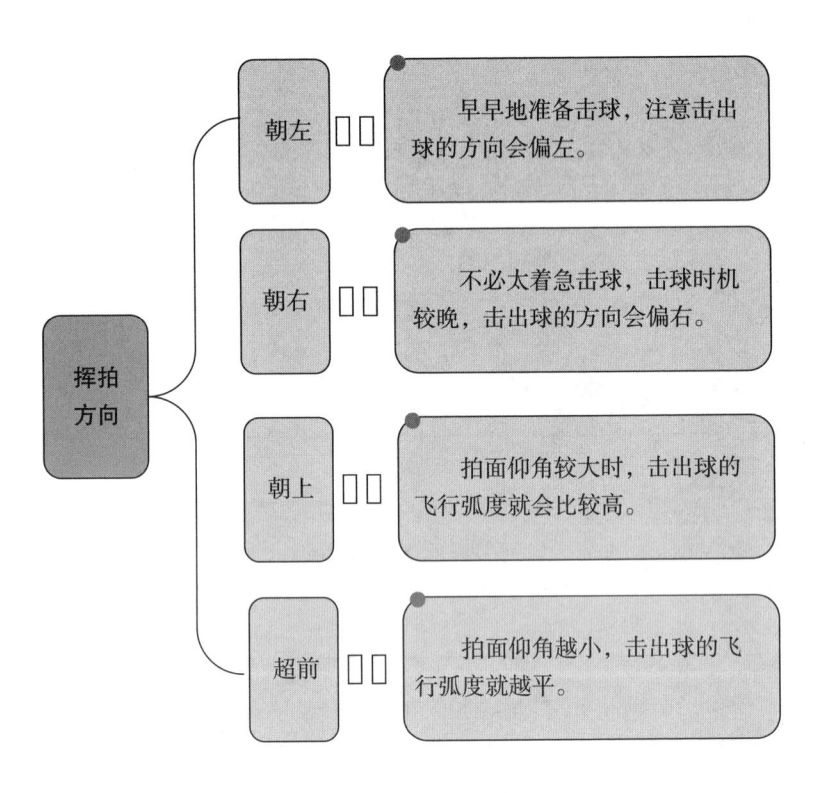

挥拍方向
- 朝左：早早地准备击球,注意击出球的方向会偏左。
- 朝右：不必太着急击球,击球时机较晚,击出球的方向会偏右。
- 朝上：拍面仰角较大时,击出球的飞行弧度就会比较高。
- 超前：拍面仰角越小,击出球的飞行弧度就越平。

不同方向挥拍的注意事项

因此,我们可以根据对手击球挥拍的方向,判断出击球的时机,以及来球的大致方向。对于刚进入网球学习的新手来说,了解这个小窍门,可以在后面的网球训练中,更好地把握击球时挥拍的方向,从而做到准确地击球。

第三章 新手入门：学练技术感受网球魅力

挥拍击球

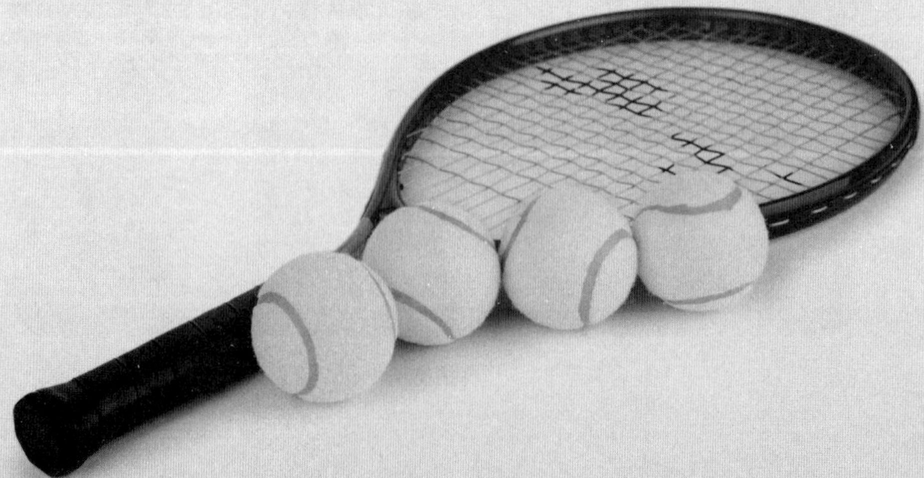

妙不可言：寻找与培养球感

畅所欲言

> 球感对于球类运动参与者来说，是非常重要的一种运动感觉，那么如何去培养球感呢？是不是只能到网球场练习呢？培养球感都有哪些具体的方法呢？

刚刚接触网球的你，站在网球场边，看到网球场上一个个有着高超球技的老手，是不是羡慕不已？心里想着"我什么时候也能练就这么高超的运动技能呀！"

别急，在正式学练网球技战术前，你需要认真培养自己的"球感"，这可是非常重要的事情。

培养球感，与球共舞

无拍练习

无拍练习，顾名思义，就是在没有球拍的情况下进行练习。

抛球练习：
　　向上抛球，在球快落地前，把球接住。此后可以逐渐增大难度，比如可以抛向身后，再转身抓住弹起的球。

投球练习：
　　站在远离自己的球筐外，将球投入球筐，随着练习的深入，可以逐渐增大距离。

第三章 新手入门：学练技术感受网球魅力

拍球练习：
左右手可以连续地对着地面拍打网球。

对墙抛球：
身体对着墙抛球，再用单手或双手接住球。

转圈抛球：
把球往上抛，再原地转圈后，接住弹起的球或下落的球。

两球对抛：
用两只手分别抓住一只球，左、右手同时对抛，尽量不要让球落地，然后左右手互接球，左手接右手抛的球，右手接左手抛的球。

两人对抛：
两个人互相抛球，互接对方抛的球。然后逐渐加大难度，渐渐地拉大两人之间的距离。

无拍练习方法

单人持拍练习

单人持拍练习法就是一个人拿着球拍来进行练习。那么，应该如何练习呢？

向上颠球——正反手交替进行。颠几次后，让球停在拍上，再向上送出球颠球，以此往复。

向下拍球——拍一下，等一下，后面连续向下拍球，熟练后可以用各种姿势拍球，比如转圈、蹲下，甚至跑着拍球。

用拍接球——向上抛球，然后再用球拍接球。可以慢慢增大抛球的高度。

用球拍接球的男孩

对墙练习——身体距离墙面1~3米，在颠球5次之后，让球落地。然后将弹起来的球轻轻地打向墙面，反弹回来后接住来球，再颠球。

捡球练习——可以用球拍拾起滚动着的球，也可以用球拍和脚配合捡起地上的球，或者可以用球拍拍起滚动的球或原地的球。

合作练习，培养球感

你还可以与同伴一起，在相互配合中练习球感。你的合作同伴可以是同龄人，也可以是老师或教练。

通过合作互动的方式来培养球感，可以尝试以下几种方法：

连续颠球——两个人合用一把球拍，其中一人颠球3次后，把球拍交给同伴，在球落地前接住，再颠球3次，反复练习，直至颠球2次，最后1次就换拍。

颠球接力——两人相对站立，保持2米左右的距离，其中一个人颠球5次后，把球轻轻地打向两人的中间，另一个人等球落地弹起后把球接住，然后颠球5次。

颠球回击——两人相对站立，间隔1~2米，其中一个人颠球5次，然后轻轻打向另一个人，另一个接住球，颠球5次后，再打回给对方。

"齐头并进"——两个人间隔1~2米，用两个球，各自分别颠球3次，同时送向对方，球弹起后各自再颠球3次，这样反复练习。

上述方法，不仅可以培养练习者良好的球感，还可以增强练习者对球的控制力、自我判断力和反应能力等综合素质。

培养球感，需要你积极与球互动，结合上面所提供的方法勤加练习。只有多多地练习，才能慢慢地培养出球感，进而掌握绝佳的球技。那时，你就会发现网球运动妙不可言的乐趣所在！

第四章

技能进阶：网前搏杀争做英雄少年

欣赏和见识到优秀网球运动员在赛场上的飒爽英姿，
你是否颇有感触，或者被深深震撼？
你来我往的网球运动之中，
蕴含着许多网球技巧，
你是否也想尝试一下这种运动？
不要犹豫，拿起你手中的网球拍，
接下来，让我们一起解锁网球技能，
在网球运动场上一展自己的个人魅力吧！

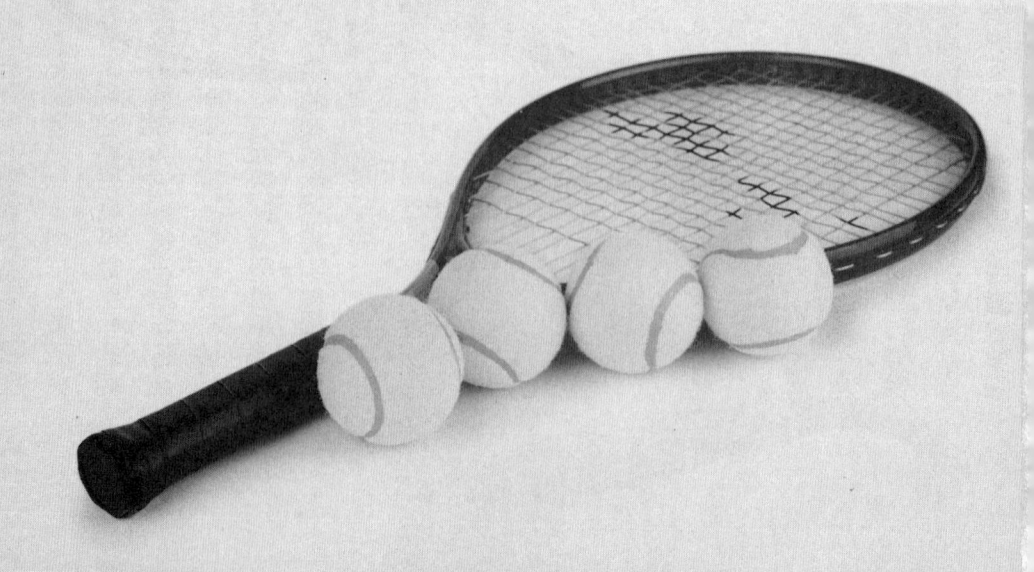

先发制人：发球

畅所欲言

你之前接触过网球吗？你是否参与过网球运动？如果现在开始学习网球运动，你会先从哪方面开始？发球还是接发球？一个漂亮的发球动作往往会为我们打败对手赢得"先机"。你知道有哪些发球技术吗？

发球

发球时，由我们自己掌握发球的时机、方式、方向等，不受对方影响。发球的好坏直接影响你得分的情况。

帅气的发球

发球技术动作要领

在了解发球之后，你是不是已经跃跃欲试，想要先发制人，占据主动权？

别着急，拿起你的网球拍，首先学习一下发球的技术动作要领吧。

根据发球的前后动作顺序，可以分为四个动作，下面简单进行介绍。

◎ 准备动作

发球准备动作要求我们提高注意力，用最饱满的精神状态和身体状态做好发球准备。

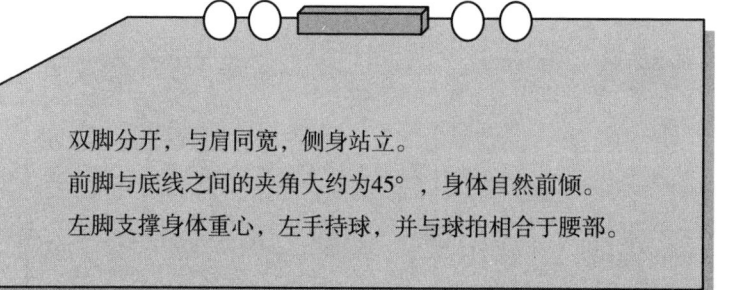

> 双脚分开，与肩同宽，侧身站立。
> 前脚与底线之间的夹角大约为45°，身体自然前倾。
> 左脚支撑身体重心，左手持球，并与球拍相合于腰部。

发球准备小贴士

◎ 抛球动作

在很多人看来，抛球很简单，将球向上空抛出去即可，但如果想要让抛球变得自然，能充分带动自己的身体，就需要一些技巧动作来完成。

抛球动作

在抛球过程中，我们需要进行后摆拉拍动作进行助力，然后伸直手臂将网球抛出。

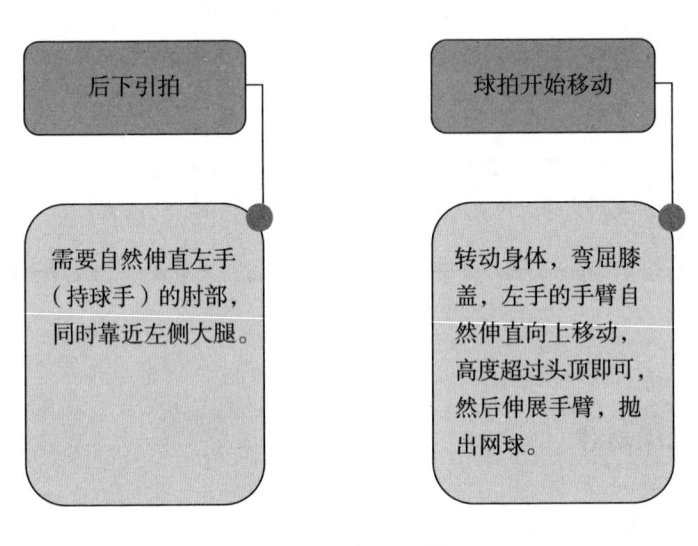

后下引拍

需要自然伸直左手（持球手）的肘部，同时靠近左侧大腿。

球拍开始移动

转动身体，弯屈膝盖，左手的手臂自然伸直向上移动，高度超过头顶即可，然后伸展手臂，抛出网球。

发球时的抛球动作

◎ 挥拍击球动作

当网球被抛上高空，我们需要立刻挥动网球拍准备击球，这几乎是同时完成的。

自然地将球拍摆到身体后面，然后挥动球拍击打空中的网球。

◎ 随挥动作

当网球被击打出去，为了保持身体重心平稳，随挥动作为：向场内方向倾斜身体，连续、完整地完成向上方随挥。

大臂需要与体侧保持一定的距离，手臂保持放松。

身体后展，呈"弓"形；蹬后脚，伸展膝部，转动髋部和肩膀。

以肘为轴，自下而上带动手臂旋内，伸展手臂和身体，向上挥拍。

发球时的挥拍击球动作

知识锦囊

有哪些方法可以练习发球技术动作？

想要快速掌握不同的发球技术吗？这就需要你反复不断地进行练习，"偷懒"是不行的。

通过哪些练习可以帮助你更好地掌握发球技术呢？下面几个小建议可以帮到你。

徒手挥拍模仿练习：这种"无实物"练习能让你熟悉和掌握发球动作。

抛球练习：不断抛球，锻炼你的肢体协调能力。

击固定目标练习：帮助你准确、迅速击中网球。

线路和落点控制练习：在发球过程中，最难控制的就是网球的路线和落点，掌握好这两点，你就可以"随心所欲"地发球啦！

发球技术的种类

在了解发球技术动作之后,你是不是已经按照指导成功发出了第一球?发球也是讲究技术的,良好的发球技术会让你的网球技术更加出色。

常见的发球技术有 3 种,每种发球技术各不相同,一起来探索一下它们的特点吧。

◎ 平击发球

使用平击发球技术时,网球几乎是笔直地下去,就像走直线,有较大的冲击力量,需要贴着网进入场内。

平击发球多用在第一发球,但失误率比较高。

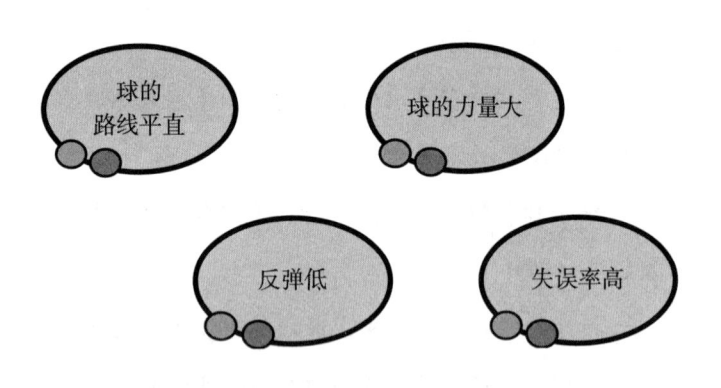

球的路线平直 球的力量大

反弹低 失误率高

平击发球的特点

如果你是一个网球新手,还是尽量选择比较稳妥的发球技术,这样才不会影响得分。

◎ 切削发球

切削发球，不要被它的名字所迷惑，以为是很直接地快速发球，实际上，切削发球是一种侧旋发球技术。

使用切削发球方式，网球会以一种曲线轨迹进入发球区，容易让对方拉出场外（右手握拍者会去场地右区接球），使他回球困难。

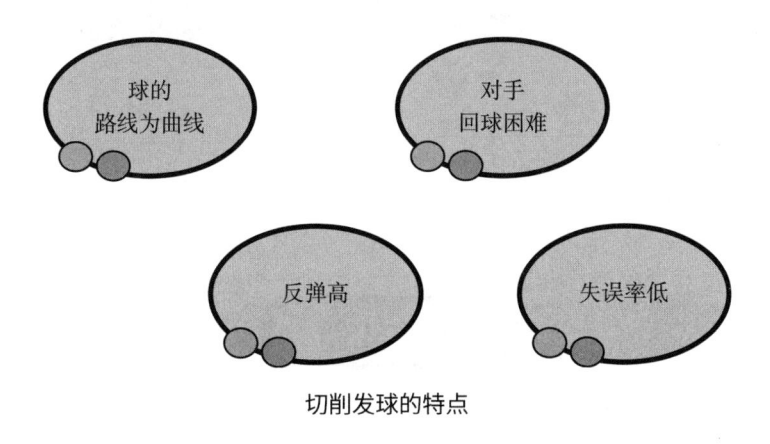

球的路线为曲线

对手回球困难

反弹高

失误率低

切削发球的特点

切削发球速度比较慢。切削发球一般用在第一发球和第二发球上，成功率比较高。

◎ 旋转发球

旋转发球，听到名字就知道它的发球特点，它融合了侧旋和上旋的优点，这些优点也是它的特点。

这么好的发球技术有没有什么缺点呢？当然有，那就是技术难度大，较难掌握。

如果你是一名网球新手，可以先从比较简单的发球技术练起，不建议从比较难的发球技术学起。

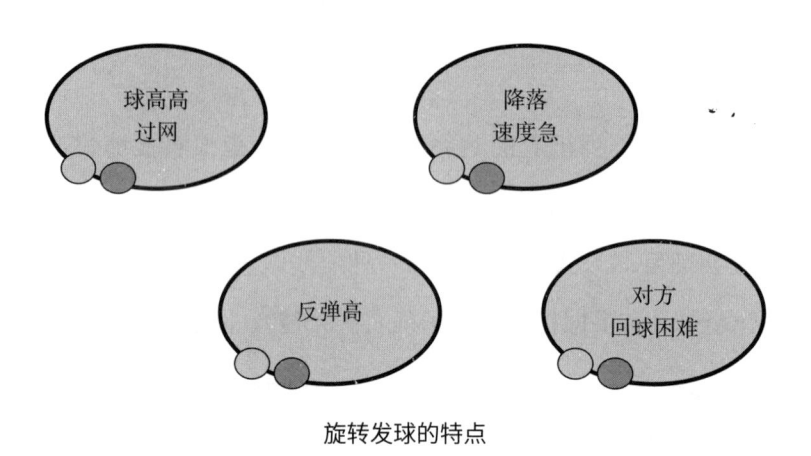

- 球高高过网
- 降落速度急
- 反弹高
- 对方回球困难

旋转发球的特点

温故知新

发球动作需要"四步走",它们分别是什么动作?你学会了吗?

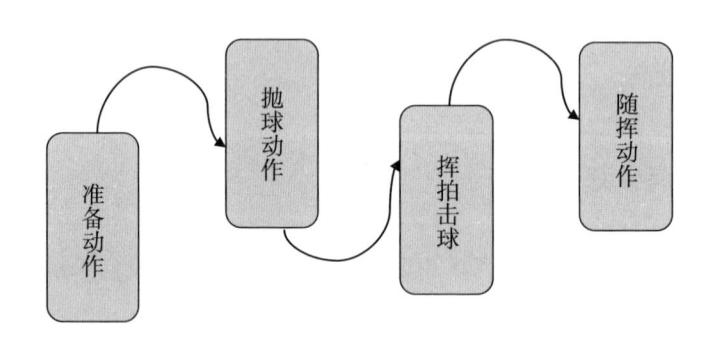

准备动作 → 抛球动作 → 挥拍击球 → 随挥动作

发球动作

完美回击：接发球

什么是接发球？

网球是一项球类运动，有来有往，需要和对方进行"互动"。所以，我们不仅需要掌握发球技术，接发球技术也是我们必备的技能之一。

在网球运动中，接发球技术是指对对方的发球进行回击的技术。一个好的接发球可以让运动员在比赛中掌握主动权。

接发球的动作要领

接发球的动作按照前后动作顺序可分为握拍动作、准备姿势、击球动作和随挥动作。

◎ 握拍动作

在接发球中，握拍方式十分重要，如果握拍不稳，就不能有力还击，也不能很好地控制还击方向。

我们可以根据自己的握拍习惯选择相应的握拍方式，如果你是网球新手，可以选择东方式握拍法。

网球握拍方式有多种，不管使用哪种，一定要牢牢握拍

◎ 准备姿势

在观察对方来球时，我们需要随时准备迎击来球。准确的姿势有利于我们回击对方。准备姿势具体做法如下：

双脚平行站定，脚间距比肩略宽，持拍脚比另一只脚稍向前，膝盖微屈，并将球拍放在身体前方。

当对方抛球时，双脚快速交替跳动；当对方拍出球的一瞬间，"跨踏步"，以便快速移动。

接发球准备姿势

◎ 击球动作

击球动作是接发球技术的关键，我们需要有力回击，将网球回击给对方。可以根据实际情况合理还击。

◎ 随挥动作

击球后，如果我们快速收回球拍，很容易因此受到伤害，所以需要随挥。

随挥动作根据后摆动作变化，如果后摆动作比较小，随挥也不用很大幅度；如果后摆动作比较大，随挥动作也要相应增大。

接发球的种类及应对方法

根据来球的角度、速度、方式的不同，我们可以选择不同的接发球方式进行回击。

◎ 接发平网高度的来球

对方发来的球往往高度不一，如果是平网高度的来球，可以选择正常的打法还击。在这一过程中，需要快速判断球的落地，进而准确控制拍面角度。

◎ 接发带有旋度的来球

在接发球时，如果来球带有下旋或者侧旋，这无疑会加大我们接发球的难度。

接发高过网来球

这时，我们可以让拍面后仰并向前推出，迅速上步，使用切削技术，让来球既可以保持一定速度，又可以在落地后较低弹起或变向。

◎ 接发高过肩的来球

有些来球的高度会比我们的肩膀高度还要高，这时该怎么办呢？
"赶晚不如赶早"，可以抓住时机，早些回击，在击球时身体重心下压，保持肩膀不动、手腕不动，在转体时大力挥击。

温故知新

接发球的技术动作你学会了吗？有没有成功接发到来球？接发不同高度的来球，需要不同的打法，要学会灵活处理。

接发平网高度来球	正常打法即可
接发带旋度来球	切削打法
接发高过肩来球	尽量早打

接发不同高度的来球的打法

积极主动：击球

击球的动作要领

在了解了发球和接发球的动作和基本技术之后，你有没有尝试和别人对打？如果想要"稳、准、狠"地击中来球，那你就需要掌握击球技术了。

击球技术的基本动作你是不是有所了解呢？挥击来球时，按照先后顺序我们可以分为以下四个动作。

◎ 持球与握拍

在击球过程中，该如何握拍呢？最常见的方式是右手握住球拍，左手扶住拍颈。

球拍是什么样的状态呢？拍面基本是和地面垂直，把拍头面向对手，身体调整为准备姿势，时刻观察对方来球。

◎ 后摆引拍

在挥拍击球之前，有一个动作，你想起来了吗？那就是后摆引拍。

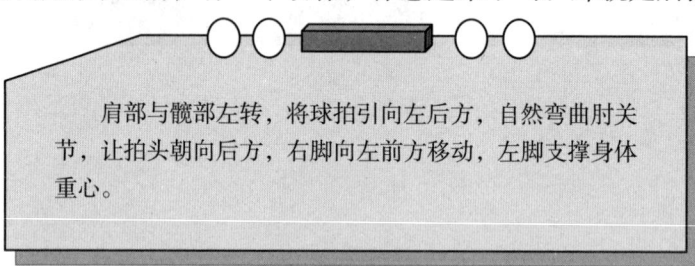

肩部与髋部左转，将球拍引向左后方，自然弯曲肘关节，让拍头朝向后方，右脚向左前方移动，左脚支撑身体重心。

后摆引拍动作

◎ 挥拍击球

引拍结束之后，我们该用怎样的姿势击球呢？此时，球拍和手臂、球拍和地面之间又处于什么样的状态呢？这些问题的答案必须在击球前了然于心。

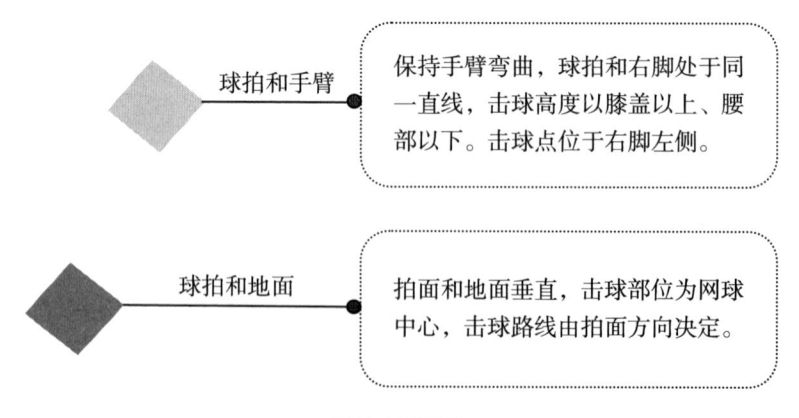

球拍和手臂　保持手臂弯曲，球拍和右脚处于同一直线，击球高度以膝盖以上、腰部以下。击球点位于右脚左侧。

球拍和地面　拍面和地面垂直，击球部位为网球中心，击球路线由拍面方向决定。

挥拍击球动作

◎ 随挥与还原

随挥是沿着球的方向向前挥动球拍，当球拍到达右肩上方时停止挥动，然后保持拍头向前，还原到准备动作，准备下次击球。

击球技术的方式

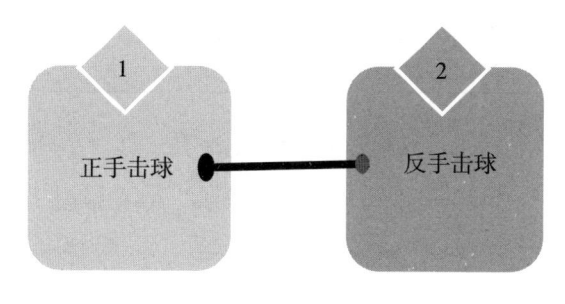

| 1 正手击球 | 2 反手击球 |

击球技术的方式

不同的击球方式的优缺点各不相同，一起来看看吧。

◎ 正手击球

网球初学者在学习击球技术时，都会首选正手击球方式，你知道这是为什么吗？因为正手击球简单易学，击球成功率高。

以右手握拍为例，左肩对着球网，右脚和底线保持平行，左脚和底线呈45°。

击球时，以肩关节为轴，手腕保持不动，利用大臂的力量让球拍挥动起来，用球拍的中心撞击球体的重心。

◎ 反手击球

反手击球和正手击球的动作技术相似,击球时,身体右侧对着球网,重心移到左脚上。

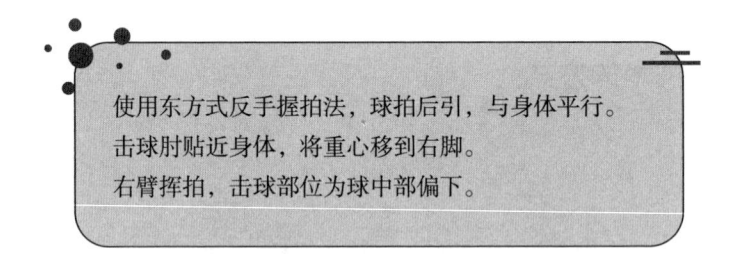

使用东方式反手握拍法,球拍后引,与身体平行。
击球肘贴近身体,将重心移到右脚。
右臂挥拍,击球部位为球中部偏下。

反手击球的动作

决战高空：挑高球

挑高球动作要领

你知道什么是挑高球吗？挑高球是网球运动中进攻和防守常用的技术。

准备姿势：侧身对网，观察来球；
判断球的落点，注意对手的站位和移动路线。

挥拍动作：尽量避免对手判断出你的意图；
后摆引拍时，后屈动作幅度应大一些。

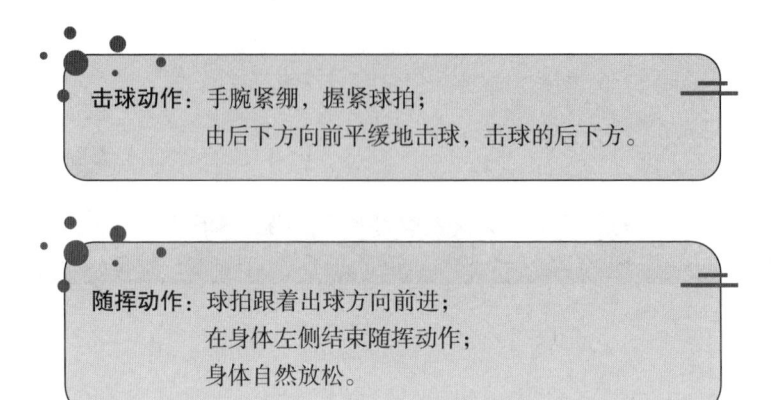

击球动作：手腕紧绷，握紧球拍；
由后下方向前平缓地击球，击球的后下方。

随挥动作：球拍跟着出球方向前进；
在身体左侧结束随挥动作；
身体自然放松。

挑高球技术

挑高球技术打法

◎ 进攻性挑高球

进攻性挑高球又叫上旋挑高球，只有高水平的选手才能轻松驾驭。我们可以通过以下手段来"迷惑"对手。

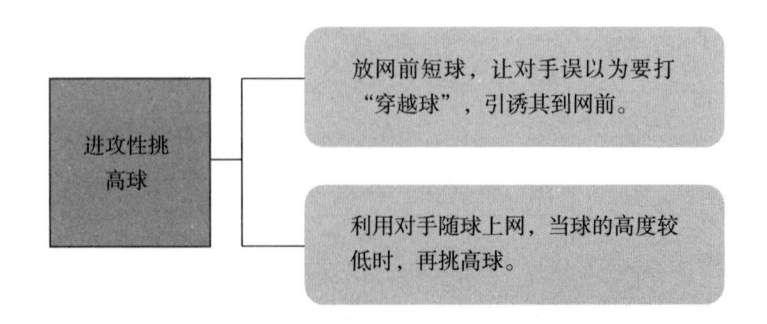

进攻性挑高球	放网前短球，让对手误以为要打"穿越球"，引诱其到网前。
	利用对手随球上网，当球的高度较低时，再挑高球。

◎ 防守性挑高球

什么情况下，我们会使用防守性挑高球呢？

如果对手用角度刁偏的进攻让我们不得不去离场地很远的地方接球，就可以用防守性挑高球，这样做，可以为我们赢得时间，回到合适的位置。

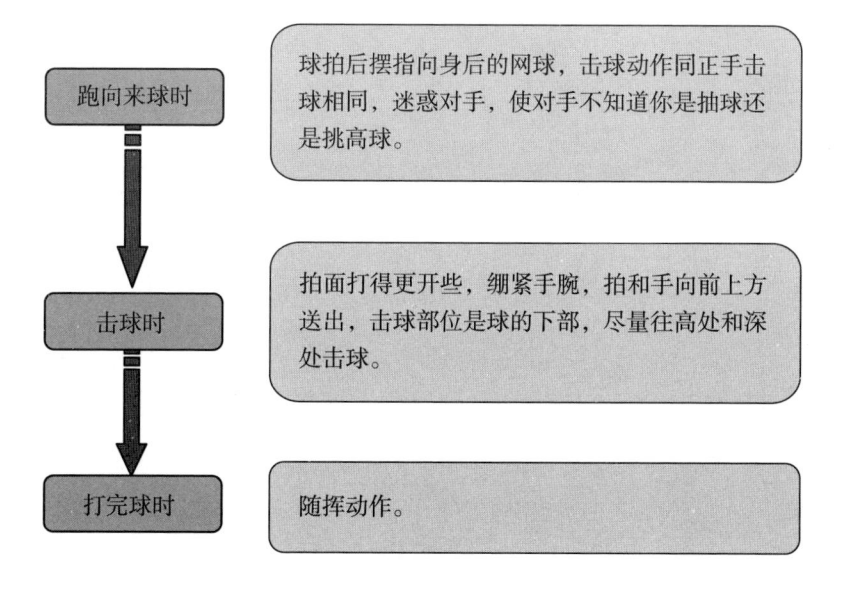

跑向来球时	球拍后摆指向身后的网球，击球动作同正手击球相同，迷惑对手，使对手不知道你是抽球还是挑高球。
击球时	拍面打得更开些，绷紧手腕，拍和手向前上方送出，击球部位是球的下部，尽量往高处和深处击球。
打完球时	随挥动作。

防守性挑高球动作

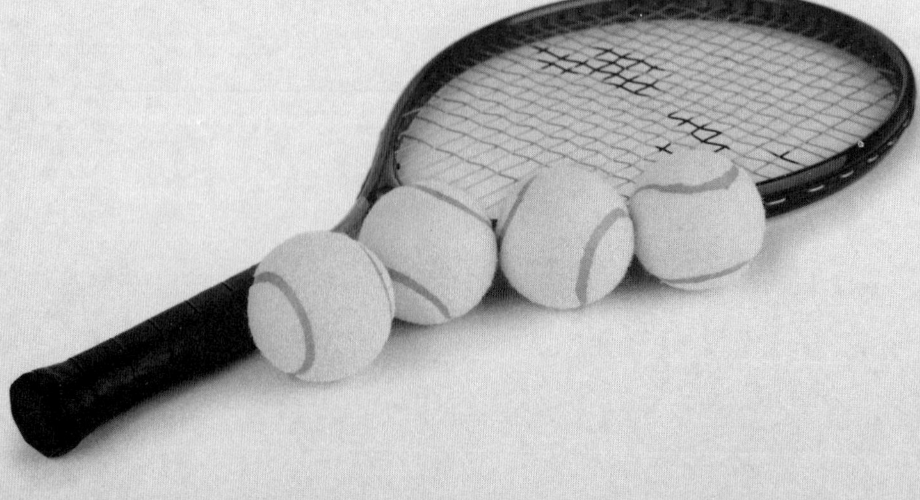

妙手截杀：截击球

截击球动作要领

截击球属于攻击性击球方法，截击球的速度快，可以给对手造成较大的威胁。

准备姿势：双脚分开，与肩同宽，重心前移；
双手持拍，拍头竖起高度与眼齐平；
两肘与身体分开，左肘比右肘稍高。

引拍动作：引拍幅度要小，挥拍时拍头高度不超过耳朵；
肘关节与身体分开；
手臂夹角为锐角。

挥拍击球：手掌、网拍和球基本处于一条直线；
击球点在与眼睛高度齐平的前方；
击球动作要迅速。

随挥动作：随挥动作幅度也比较小，稍微移动身体重心即可。

截击球动作

截击球技术打法

截击球打法多样，根据截击方式和来球的方式可以分为以下几类，在具体比赛中，需要灵活使用。

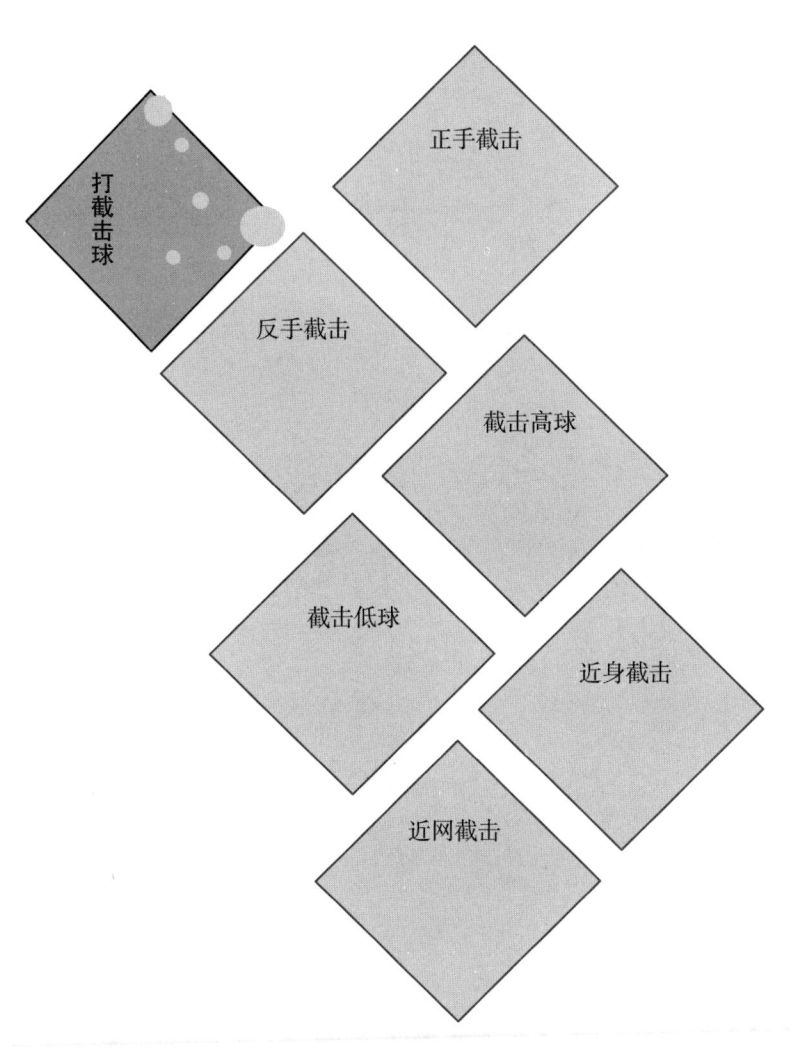

第四章 技能进阶：网前搏杀争做英雄少年

打截击球

正手截击

反手截击

截击高球

截击低球

近身截击

近网截击

打截击球的方式

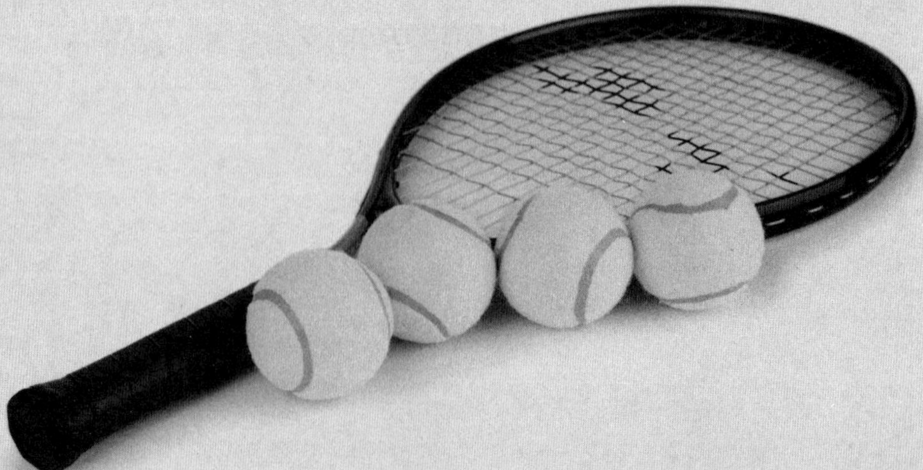

以柔克刚：放小球

放小球动作要领

放小球，是一种不用力的击球技术。

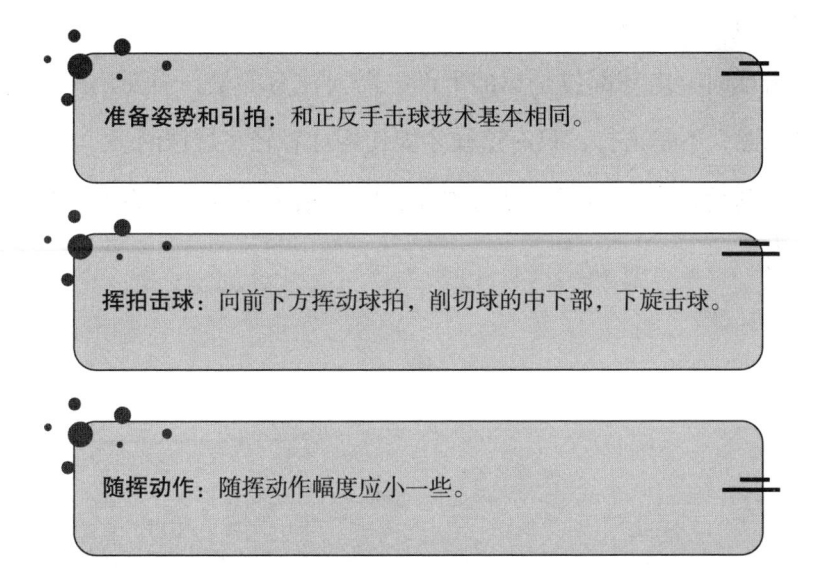

准备姿势和引拍：和正反手击球技术基本相同。

挥拍击球：向前下方挥动球拍，削切球的中下部，下旋击球。

随挥动作：随挥动作幅度应小一些。

放小球的动作

放小球技术打法

◎ 正手放小球

击球前，做好准备工作，握好球拍，可以用击打落地球的握拍法，调整好站姿，网球拍底在身体前面，拍头要高于手腕，然后向前下方挥击。

击球时，用球拍底部切球，产生向后旋转的力。

击球后，随挥动作，拍面向击球方向前挥，直至球拍比球网高一些。

◎ 反手放小球

击球前，选择合适的握拍方式，比如反手旋转球的握拍法，转肩，后摆引拍。

击球时，击球部位是球的下部，需要注意的是，需要用球拍的下边缘摩擦，不是击打，只有这样才能使网球轻轻飞过球网。

击球后，向前随挥，保持拍面方向，拍头对准击球方向，保持身体平衡。

精准打压：高压球

高压球动作要领

高压球技术又叫作扣杀或猛杀，是指将对手挑过来的高球，由上而下扣压到对方的场区的技术，其关键在于能否尽早进入扣球区域。高压球的基本动作如下：

准备姿势和引拍：和发球相同，及时转动身体，可以用垫步、侧滑步、交叉步快速后退，紧盯来球。

后摆引拍：积极移动，侧转，迅速抬起右手，保持肘部和肩部齐平。

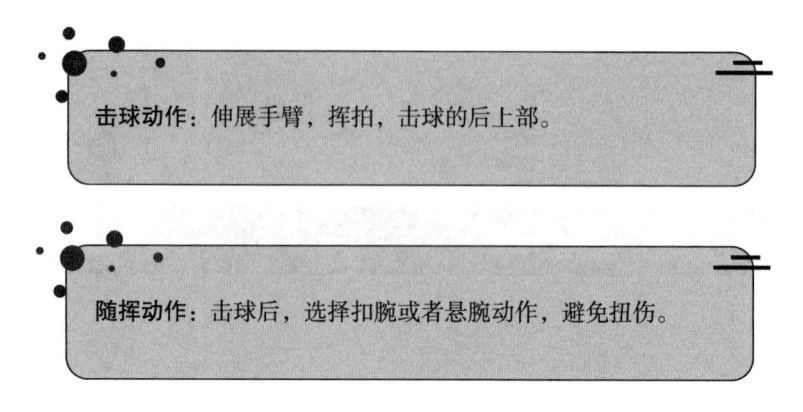

击球动作：伸展手臂，挥拍，击球的后上部。

随挥动作：击球后，选择扣腕或者悬腕动作，避免扭伤。

高压球技术动作

高压球技术打法

根据高压球的落地状态，可以分为多种类型，这里简要介绍三种比赛场中常见的高压球，它们各有特点。

◎ 凌空高压球

凌空高压球，从名字就可以知道，这类高压球是处于空中，还没有落地。面对这类高压球，我们该怎样做呢？

面对凌空高压球，应尽早举拍，垂下拍头稍微呈"骚背状"，然后迅速抬起肘部出击。

◎ 落地高压球

落地高压球击球点是身体的前上方，我们要争取最高点击球，准备扣杀。

击球时，做"旋内"的扣腕动作，手臂、手腕和球拍保持在一条直线，身体稍前倾。

◎ 跳起高压球

面对较高、较深的来球时，又该怎么办呢？需要高举球拍，直接后引，同时快速后退，到达击球位置。

击球时，需要将双脚进行前后换位，以便转体发力后可以保持身体平衡。

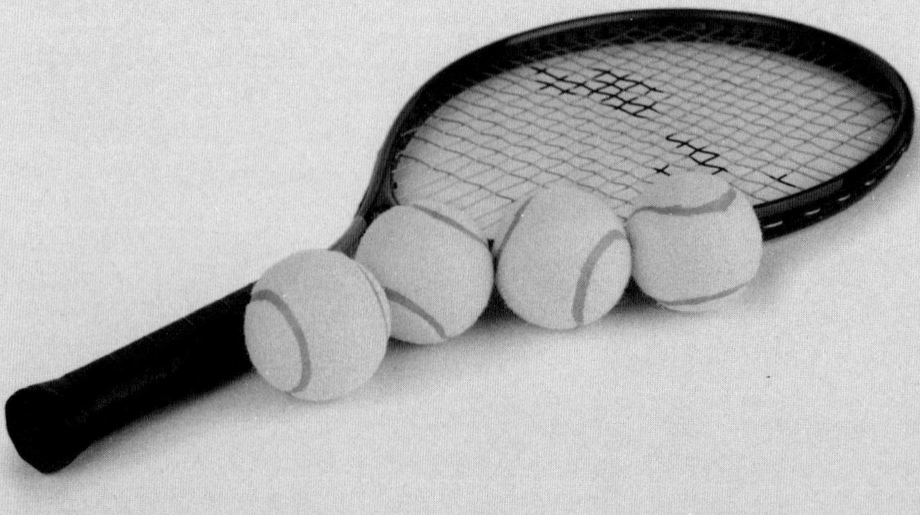

出其不意：反弹球

反弹球动作要领

反弹球技术，是指在对方来球从场地刚刚弹起还未跳到最高点之前，立即击球，把球弹到对方场区的技术。

准备姿势和引拍：准备姿势和正手发球姿势基本相同，握拍多以大陆式握拍法为主。

后摆引拍：转体屈膝，保持下蹲（正手反弹球，弯屈左膝，反手反弹球，弯屈右膝）。

击球动作：手腕紧绷，拍面关闭，将球稳稳送出，不要切削球。

随挥动作：随挥柔和，如果回击球深，随挥动作可以稍微大一些。

反弹球技术动作

反弹球技术打法

　　网球对打中，有时对手来球过快过猛，来不及后退，同时也错失了上前截击机会，这时就可以使用反弹球技术来扭转战局。

　　需要提醒你的是，在使用反弹球技术时，要注意在简短的引拍动作之后向前跨一步。正拍反弹球跨出右脚并弯屈；如果是反拍反弹球，转体同时完成后摆动作。

　　总之，网球技术内容丰富、种类多样，要短时间内全部掌握可不现实，必须"冬练三九夏练三伏"，坚持不懈。相信通过长时间的科学练习，你很快就能成为一个技术高超的网球少年！

第五章

球场智慧：战术风采与实力的较量

网球单人对打中,球网两端你来我往,激烈"厮杀"!

网球双人对打中,团队作战,前仆后继,互帮互助,默契非常!

网球单打和双打有什么区别?

它们的战术又各是什么?

我们该如何制定战术?

接下来,我们就一起来揭开答案吧!

个人魅力：网球单打战术

畅所欲言

网球单打中，双方各展所长，全力较量，让观战的人赞叹不已。那你知道吗？在网球单打比赛中，也是讲究战术的。你知道哪些战术呢？

网球单打对抗，最能展示你的网球运动魅力。

单打对抗，不仅是双方智力、体力、技巧的比拼，也是战术的比拼。制定一个切实可行的战术，能帮助我们在网球单打比赛中占据优势。

网球单打

单打发球战术

发球是网球比赛开始的第一步,发球的好坏往往决定着得分情况,因此在单打比赛中,发球是要讲究战术的。

◎ 发球站位

发球的站位很重要,所选的位置既要有利于进攻,同时,又不会影响我们进行下一个动作。

如果你是在右区打球,接近中线点的位置就是一个很好的选择,在该处发直线球很容易击中对手的反手,破坏对手的进攻性击球。

如果你是在左区发球,则可以选择中点线附近或者距离中点线稍远的位置。

◎ 发球战术

我们知道，发球有三种方式。那么，在单打比赛中，关于发球又会有什么样的战术呢？

以右手持拍者为例，下面分别来认识以下几种发球方式。

发平击球——抛球的位置和击球点最好选择在身体的右前方，在最高点用力击球。

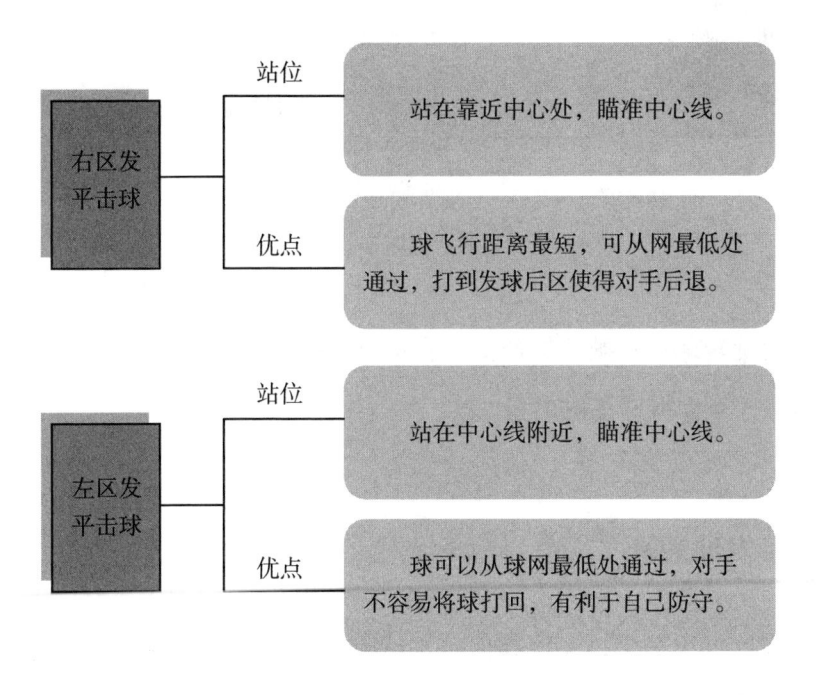

右区发平击球
- 站位：站在靠近中心处，瞄准中心线。
- 优点：球飞行距离最短，可从网最低处通过，打到发球后区使得对手后退。

左区发平击球
- 站位：站在中心线附近，瞄准中心线。
- 优点：球可以从球网最低处通过，对手不容易将球打回，有利于自己防守。

发平击球战术

发切削球——选择发切削球，抛球位置又会发生怎样的变化呢？抛球位置和击球点要稍微靠右一点，从球的右侧向左沿水平方向横切，产生旋转。

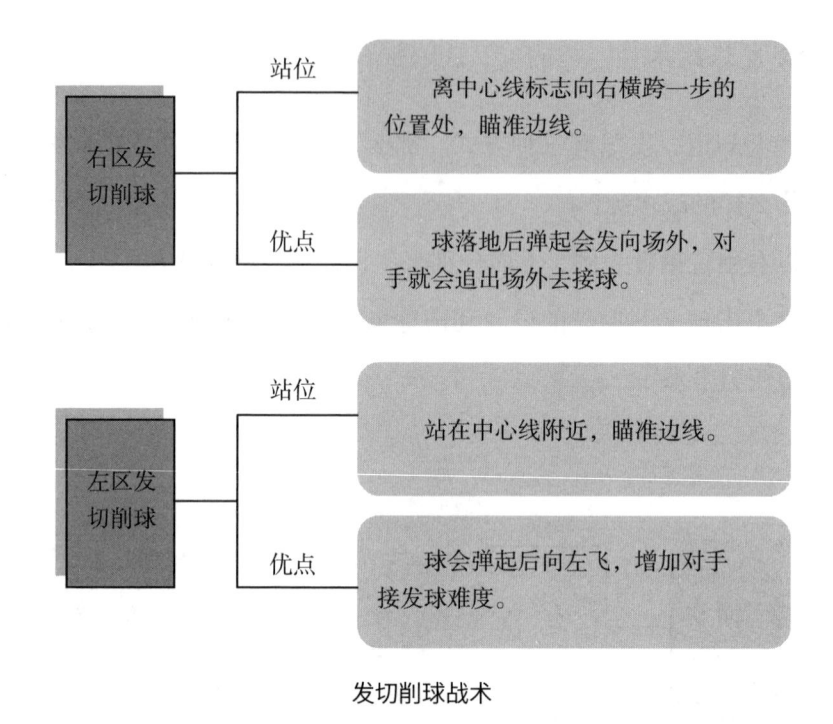

	站位	离中心线标志向右横跨一步的位置处，瞄准边线。
右区发切削球	优点	球落地后弹起会发向场外，对手就会追出场外去接球。

	站位	站在中心线附近，瞄准边线。
左区发切削球	优点	球会弹起后向左飞，增加对手接发球难度。

发切削球战术

发旋转球——抛球位置稍微靠左侧一些，击球时，从左下向右上，好像搓擦一样将球挥击出去。

接发球战术

在单打比赛中，又该如何接发球呢？这同样也讲究战术，比如接发球的站位和接发球战术，我们一起来看看吧。

◎ 接发球站位

面对对手"来势汹汹"的球，我们应该以什么样的姿势面对呢？站在场区的哪个位置处最有利呢？明确站位非常重要。

第五章 球场智慧：战术风采与实力的较量

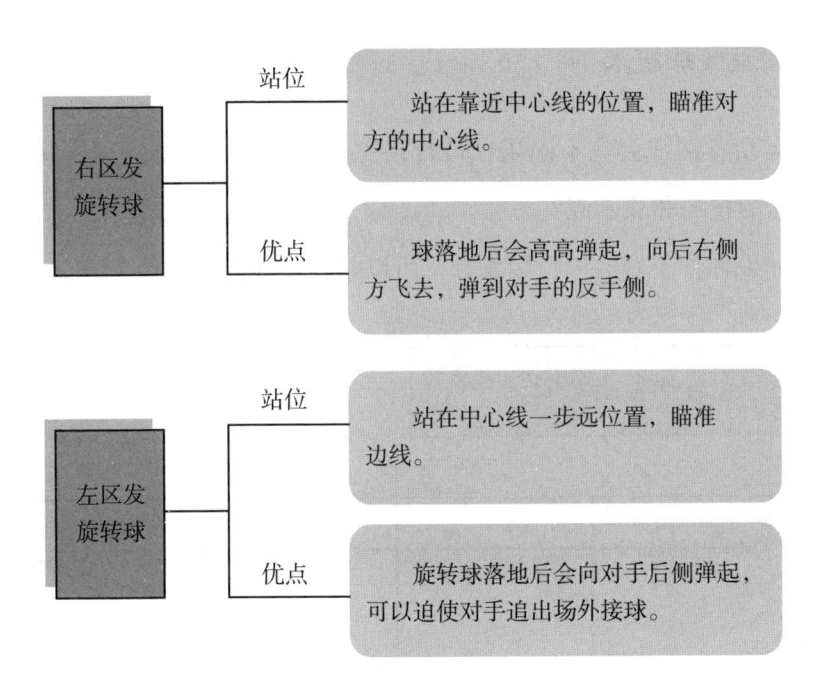

右区发旋转球	站位	站在靠近中心线的位置，瞄准对方的中心线。
	优点	球落地后会高高弹起，向后右侧方飞去，弹到对手的反手侧。

左区发旋转球	站位	站在中心线一步远位置，瞄准边线。
	优点	旋转球落地后会向对手后侧弹起，可以迫使对手追出场外接球。

发旋转球的战术

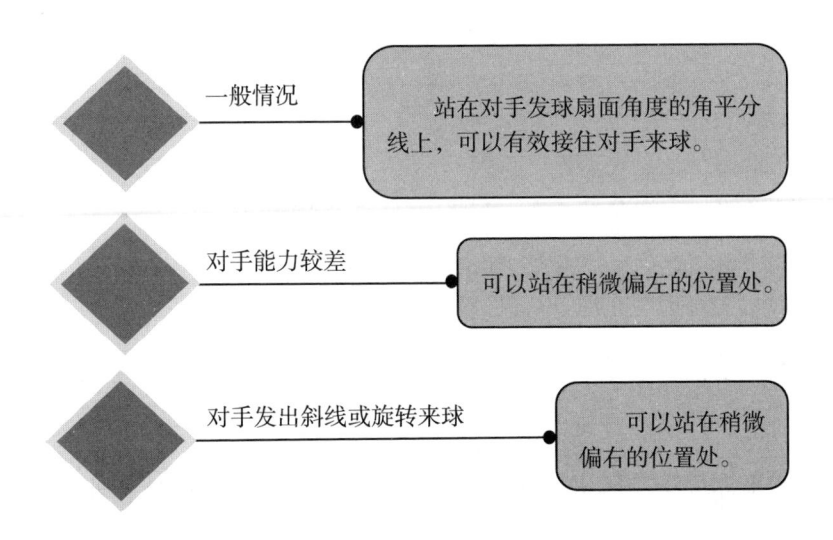

一般情况	站在对手发球扇面角度的角平分线上，可以有效接住对手来球。
对手能力较差	可以站在稍微偏左的位置处。
对手发出斜线或旋转来球	可以站在稍微偏右的位置处。

接发球站位

147

◎ 接发球战术

运动者常常会在不同场区进行接发球，那么，在不同场区又有着什么样的技巧和战术呢？

如果你位于右区进行接发球，可以站在底线偏右的位置处。

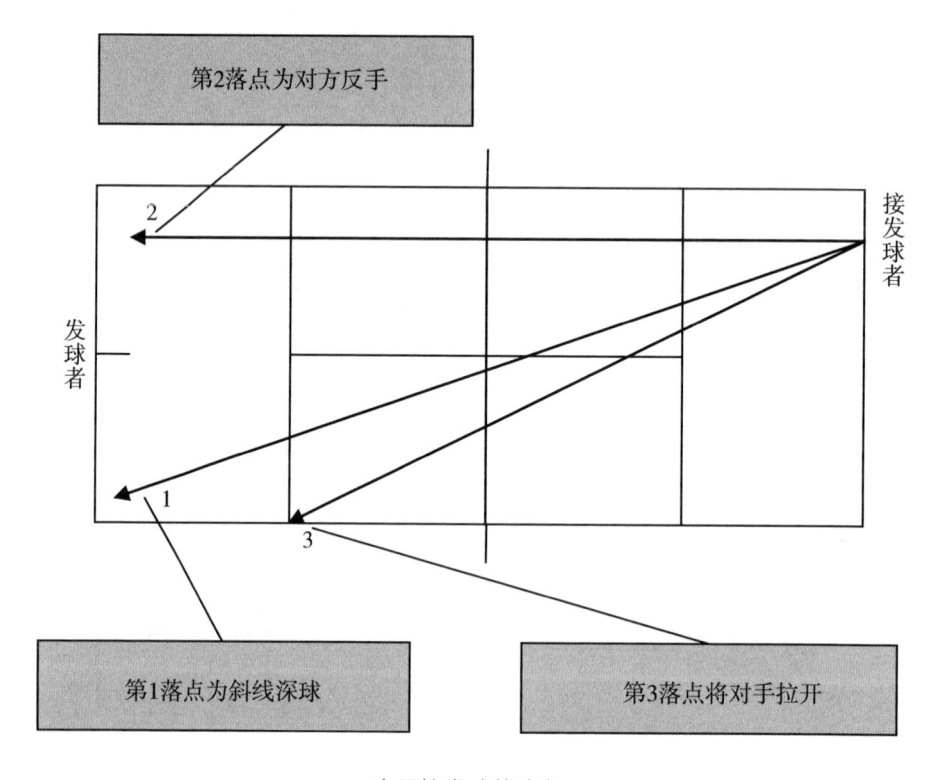

第2落点为对方反手

第1落点为斜线深球

第3落点将对手拉开

右区接发球落球点

不同落点，各有优点，都可以给对手造成回球困难，需要你有把握准确将球打到该区域。

如果你位于左区进行接发球，可以站在底线偏左的位置处。

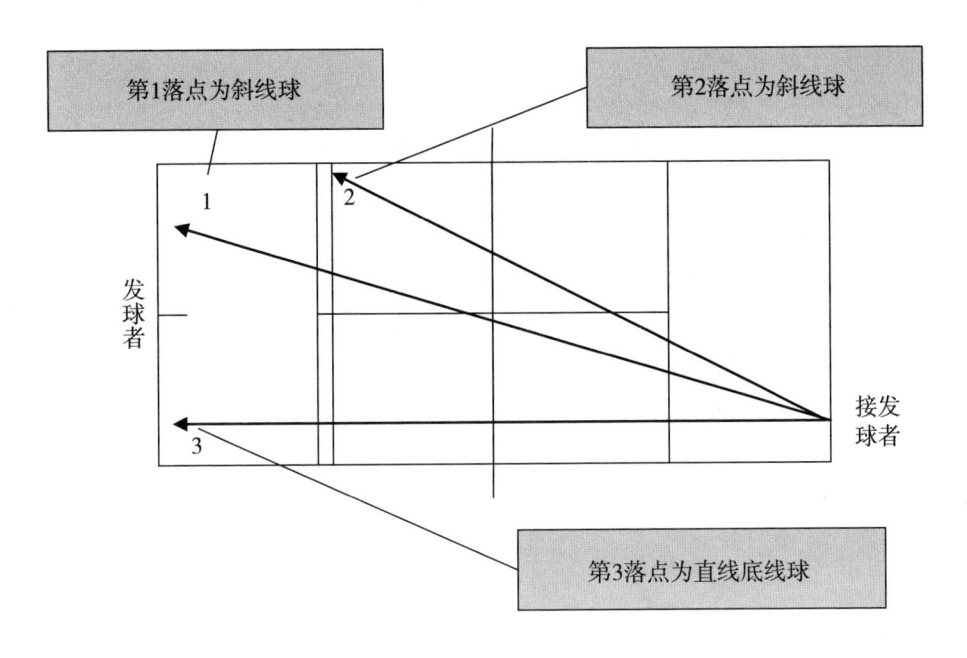

第1落点为斜线球　　　　　　第2落点为斜线球

发球者

接发球者

第3落点为直线底线球

左区接发球落球点

落点无论是在底线附近,还是在发球区附近,都能给对手造成回球困难,需要你多加练习。

网前战术

网前战术有多种,它们分别是什么呢？下面进行简单讲解。

◎ 网前截击战术

如果你的经验丰富,就可以根据对手的站位、发球角度等,准确预测对方来球的可能范围,这样就能抢占先机,站在其来球范围内的中间位置,在球网前截击对方来球。这就是网前截击战术。

◎ 发球上网战术

发球上网战术可以利用发球的力量、旋转、角度主动进行攻击，实现上网抢攻。发球上网可以分为以下几种战术，在具体应用中要灵活应对。

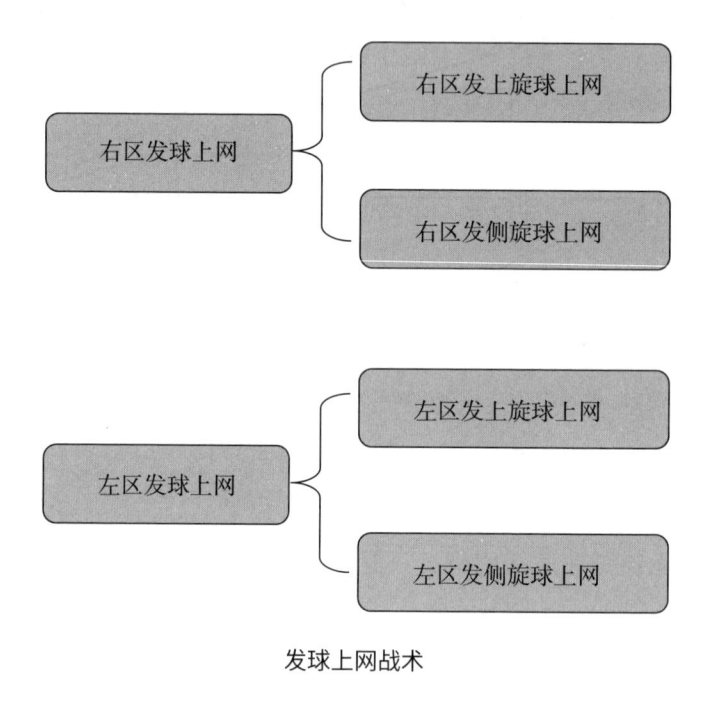

```
右区发球上网 ┬─ 右区发上旋球上网
            └─ 右区发侧旋球上网

左区发球上网 ┬─ 左区发上旋球上网
            └─ 左区发侧旋球上网
```

发球上网战术

◎ 接发球上网战术

接发球上网战术属于网前战术的一种，其关键就是抢先入场。不同的场区有不同的方案，需要你灵活机动，因时制宜。

◎ 随球上网战术

网球比赛中会出现各种各样的情况，比如对手因为某种原因将来球打在发球线附近，这时随球上网的机会就来了，需要你当机立断，利用适合的接发球技术随球上网。

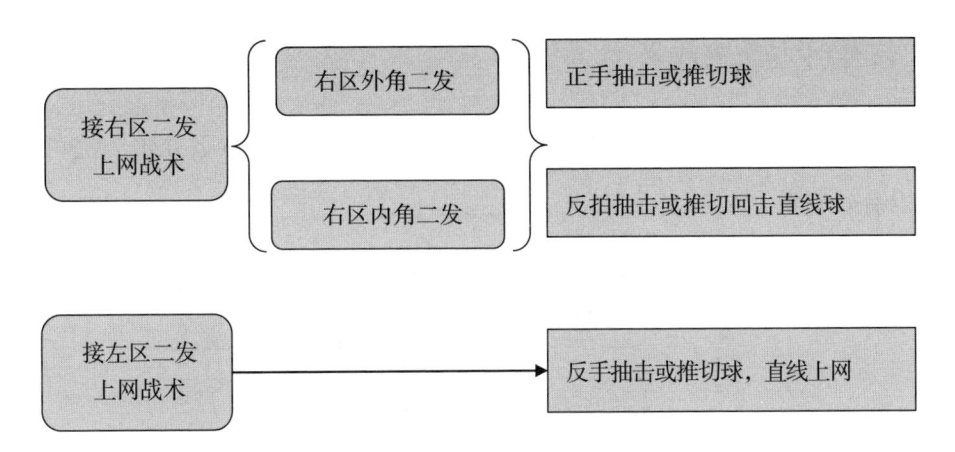

第五章 球场智慧：战术风采与实力的较量

```
接右区二发    ┌ 右区外角二发 ──  正手抽击或推切球
上网战术      └ 右区内角二发 ──  反拍抽击或推切回击直线球

接左区二发 ────────────────→ 反手抽击或推切球，直线上网
上网战术
```

接发球上网战术

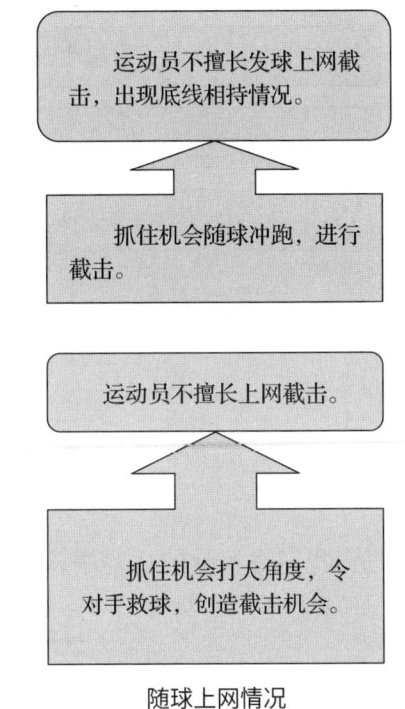

```
运动员不擅长发球上网截击，出现底线相持情况。
        ↑
抓住机会随球冲跑，进行截击。


运动员不擅长上网截击。
        ↑
抓住机会打大角度，令对手救球，创造截击机会。
```

随球上网情况

◎ 中场上网战术

在网球比赛中，如果需要进行中场上网战术，有以下几种方法可以有效应对。

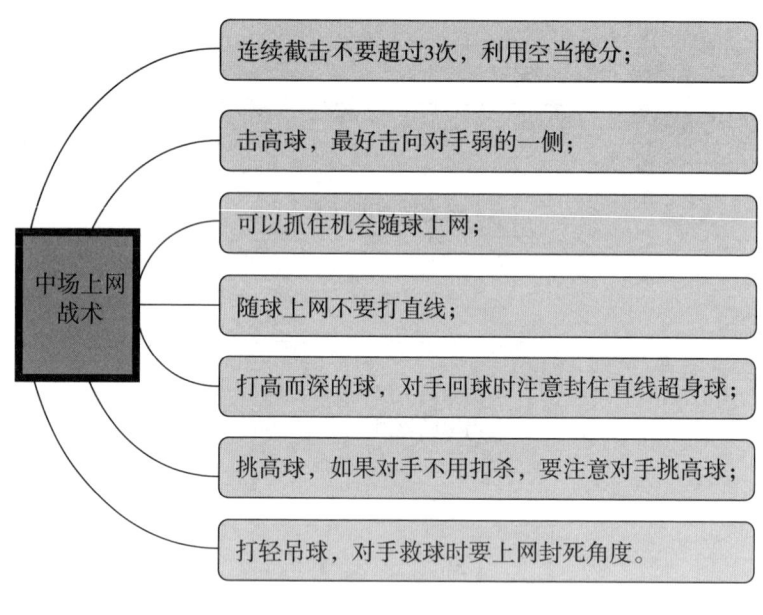

中场上网战术
- 连续截击不要超过3次，利用空当抢分；
- 击高球，最好击向对手弱的一侧；
- 可以抓住机会随球上网；
- 随球上网不要打直线；
- 打高而深的球，对手回球时注意封住直线超身球；
- 挑高球，如果对手不用扣杀，要注意对手挑高球；
- 打轻吊球，对手救球时要上网封死角度。

中场上网战术

底线战术

底线战术有哪些呢？我们在实际的比赛中该如何应用呢？一起来看一下吧。

◎ 对攻战术

利用正、反抽击手的强大进攻力和对方展开阵地战，化被动为主动。

具体要怎么做呢？你可以试着利用正、反抽击手的速度压制对方，攻击对手弱点，进行突击。

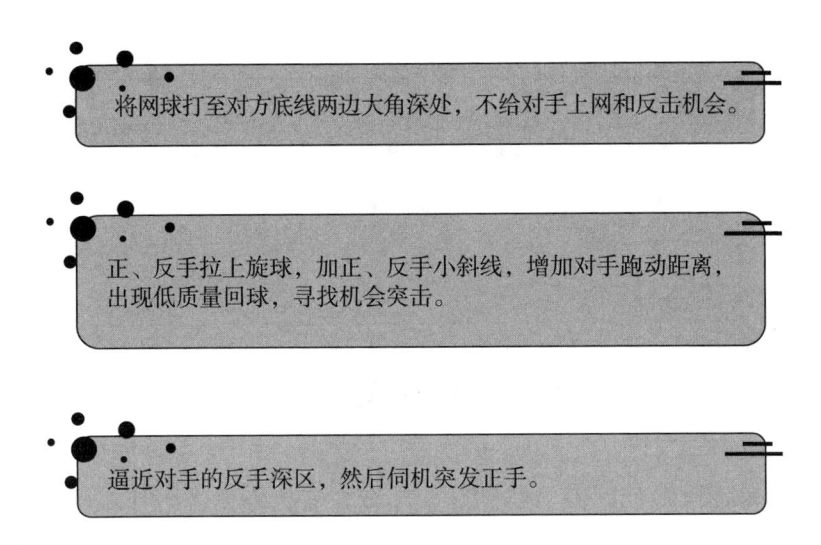

- 将网球打至对方底线两边大角深处，不给对手上网和反击机会。

- 正、反手拉上旋球，加正、反手小斜线，增加对手跑动距离，出现低质量回球，寻找机会突击。

- 逼近对手的反手深区，然后伺机突发正手。

根据不同击球压制对方，争取主动

◎ 调动对方战术

主要目的是调动与你对打的人"在场地上到处跑"，这样他很快就会被累得气喘吁吁，那么，你就有机会大展身手了。

多利用正手强有力的抽击球，配合移动步法，在2/3的场地上，用正手给出强有力的攻击。

◎ 紧逼战术

在网球对打中，快节奏地攻击对方，会让对方"招架不住"，这样你就会占据主动。

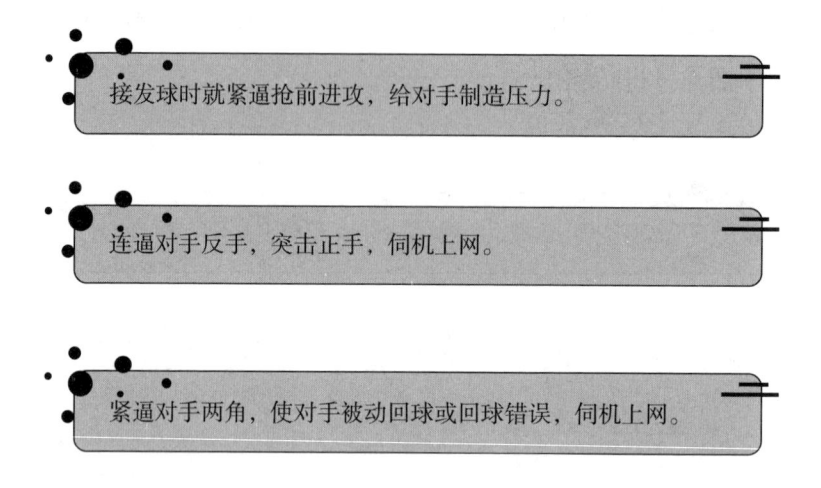

- 接发球时就紧逼抢前进攻，给对手制造压力。

- 连逼对手反手，突击正手，伺机上网。

- 紧逼对手两角，使对手被动回球或回球错误，伺机上网。

底线紧逼战术

如果你底线控球能力特别好，那么，建议你使用防守反攻战术来调动对方，然后伺机反攻。这需要运动者具有判断准确、反应敏捷、步法灵巧等特点。

不同场区战术

在网球比赛中，场区不同，所用的战术也不同，可以分为前场区战术、中场区战术和后场区战术，我们要学会灵活应对。

◎ 前场区

前场区又叫作"拦网区"，通常在这一区域完成进攻动作。运动者在此区域内可以侧向或向前移动，最具攻击性。

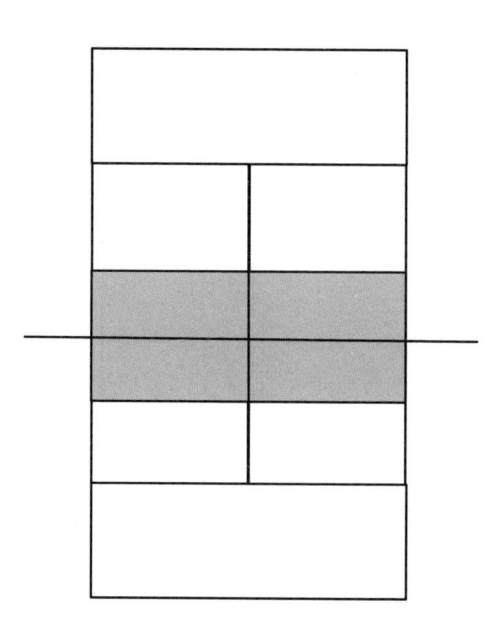

第五章 球场智慧：战术风采与实力的较量

前场区

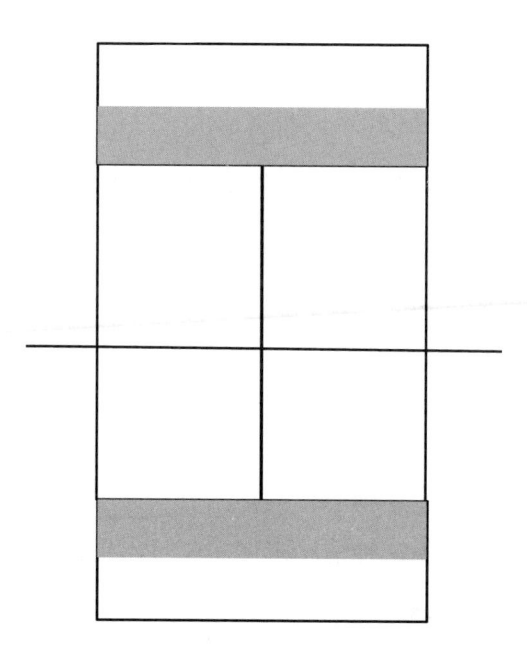

中场区

后场区

◎ 中场区

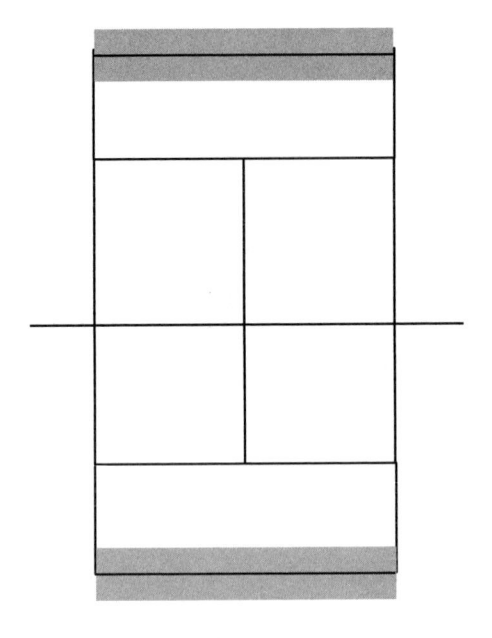

在网球运动中，中场区可以随球上网，是最重要的区域。

在中场区打网球，你一定要根据来球的状态作出不同的回击，注意灵活运用不同技战术。

◎ 后场区

在后场区，如果对手连续打出很"深"的球，你将会被迫进行很多侧向跑动。为了避免这种情况，你需要打出更深的球令对手疲于应付，迫使其回球落在中场区。

第五章 球场智慧：战术风采与实力的较量

在后场区打球，除了耐心之外，还需要你灵活地进行侧身移动，在击球角度方面，要尽可能保证它的准确性。

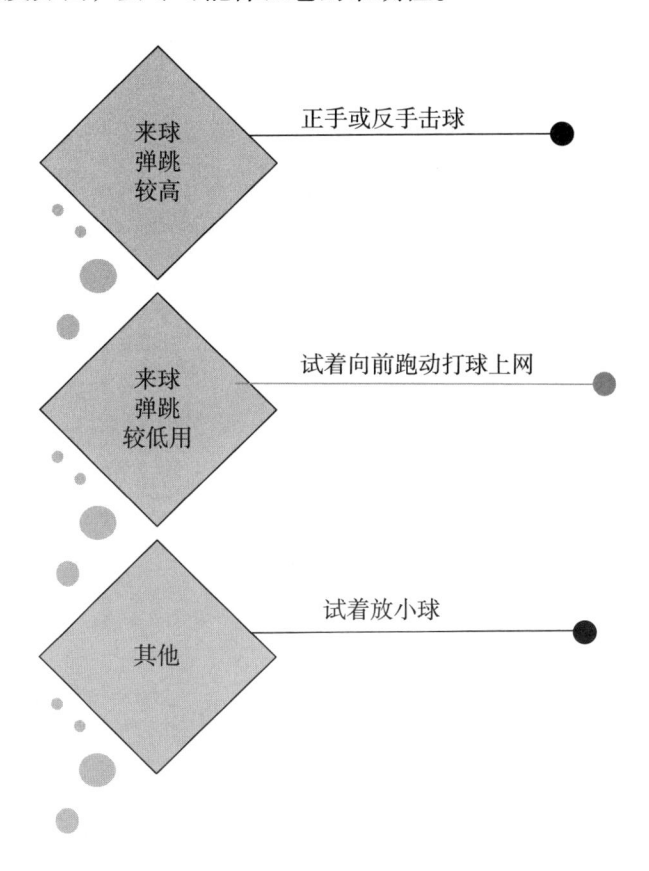

来球情况	应对方式
来球弹跳较高	正手或反手击球
来球弹跳较低用	试着向前跑动打球上网
其他	试着放小球

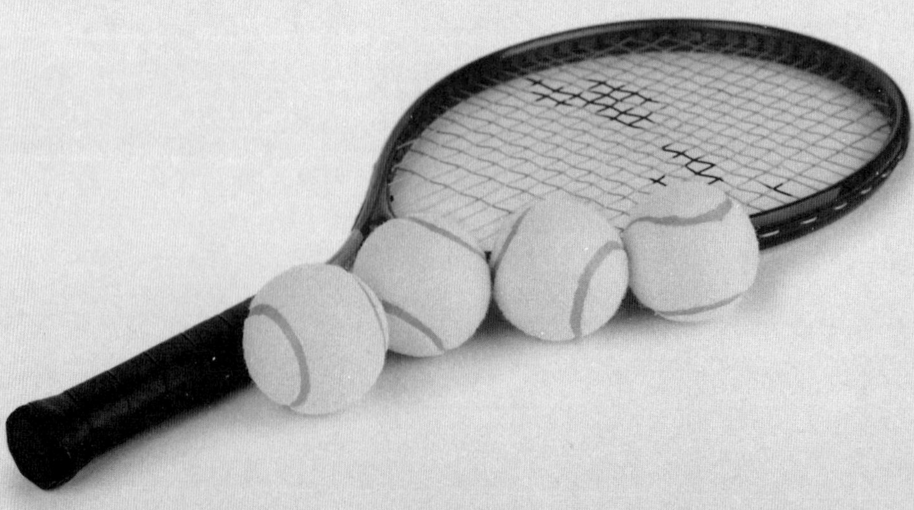

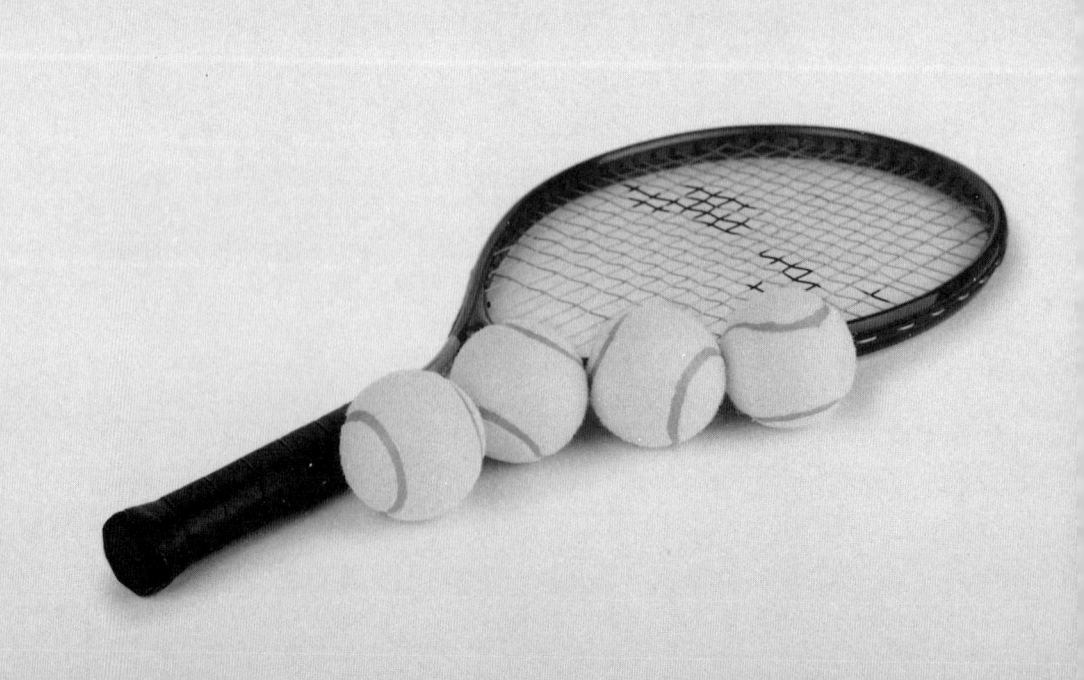

默契配合：网球双打战术

和网球单打不同，网球双打更讲究两个运动者之间的默契和配合，需要两个运动者各展所长，互相弥补。

双打战术有发球配合、接发球配合、防守配合、网前配合和抢网配合。

网球双打

发球配合

在网球双打中，两个运动者协调作战，由于每个运动者各自负责不同的区域，因此和单打比赛相比，每个人的压力会减小很多，但是，直接得分的机会也会相应减少。

双打发球时，你要和队友默契配合。

- 了解同伴发球落点，做好抢网准备。
- 注重一发成功率，落点最好在内角和中路。

场上较量

接球配合

网球双打，接发对手来球的难度会增大，很容易被对手截击，所以接发球者的队友要注意加强防护，最好打斜线球。

那么，在双打比赛中，该如何接发球呢？可以分为以下几种情况。

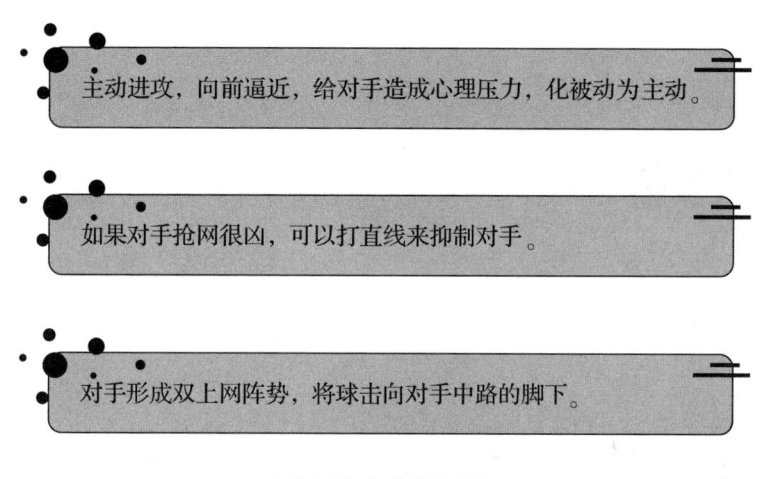

- 主动进攻，向前逼近，给对手造成心理压力，化被动为主动。
- 如果对手抢网很凶，可以打直线来抑制对手。
- 对手形成双上网阵势，将球击向对手中路的脚下。

双打比赛中接发球情况

在双打接发球配合中，接发球路线也是很重要的一环，有时能起到出其不意的效果。

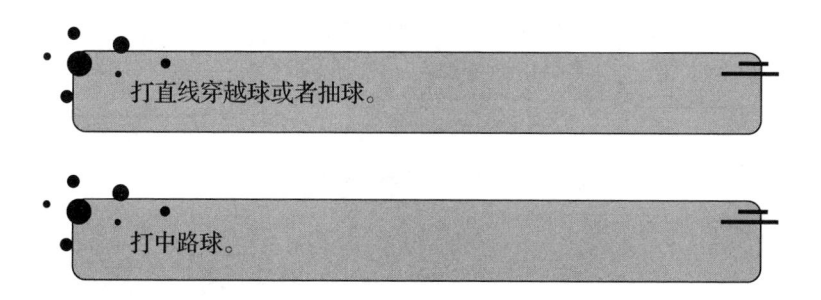

- 打直线穿越球或者抽球。
- 打中路球。

将球打在对手的脚下。

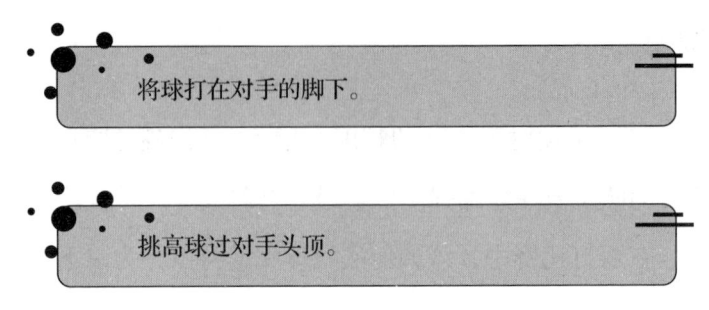

挑高球过对手头顶。

双打战术中接发球路线

防守配合

网球双打时，当你的队友陷入比较被动的局面，又该如何救援，怎么进行防守配合呢？以下建议或许可以帮助你。

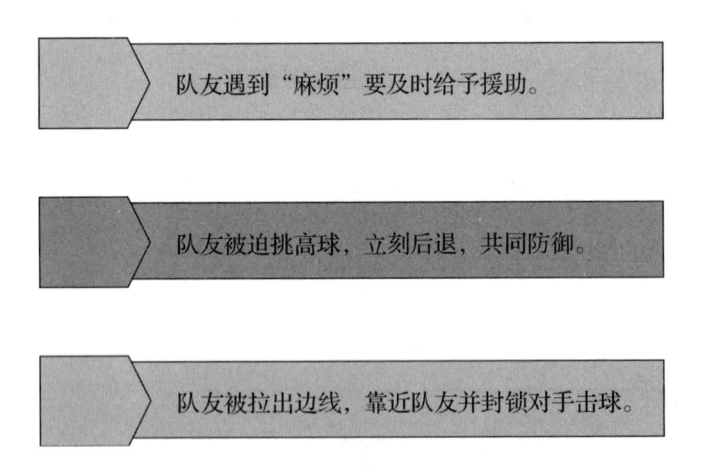

队友遇到"麻烦"要及时给予援助。

队友被迫挑高球，立刻后退，共同防御。

队友被拉出边线，靠近队友并封锁对手击球。

防守配合建议

抢网配合

在网球双打比赛中,抢网的步骤是什么呢?运动者在抢网之前应该明确以下几点。

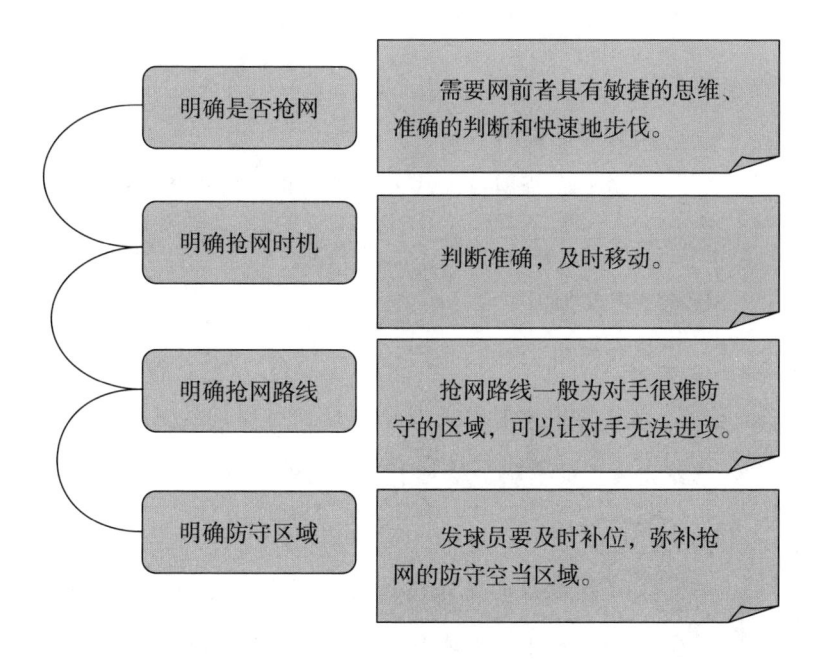

明确是否抢网	需要网前者具有敏捷的思维、准确的判断和快速地步伐。
明确抢网时机	判断准确,及时移动。
明确抢网路线	抢网路线一般为对手很难防守的区域,可以让对手无法进攻。
明确防守区域	发球员要及时补位,弥补抢网的防守空当区域。

双打比赛中抢网步骤

知识锦囊

抢网小剧场

如何又迅速又完美地完成抢网行动呢？抢网之前该怎样做呢？在进行抢网时机、路线的确定时，还需要注意哪些方面呢？

是否需要抢网

一定要在抢网前和队友交流商定，可以用暗号或其他方式进行沟通，不能让对手一看就明白。另外，做出抢网决定后就坚决贯彻。

抢网时机

最佳的抢网时机是对手击球的一瞬间，不能提前移动，暴露出自己的意图，给对手可乘之机。

抢网路线

要选择最佳的击球路线进行"伏击"，可以是对手之间的空当处，也可以是对手网前者的脚下。对手很难在这两个位置进行防守。

网前配合

网前配合的球员要有良好的判断力，并且步伐熟练、反应敏捷，还要有稳定的截击技术。

除此之外，运动者之间要有默契，一起进退，共同筑起网前围墙。在拦网时，要根据对手的站位情况进行灵活应对。

第五章　球场智慧：战术风采与实力的较量

温故知新

不管是网球单打比赛还是网球双打比赛，都需要一定的技巧，也缺少不了战术的比拼。

网球单打对运动者个人的技巧要求更高，在网球场上，你需要独自应对场上的各种变化。

网球双打除了对个人有比较高的要求之外，还增加了两个运动者之间的配合战术要求。

掌握了这些"战术秘诀"后，就赶快行动起来，去网球场上与同伴一较高下吧！相信现在的你会一点一点变得更加优秀！

第六章

健康运动：青少年网球运动安全

燃动热情、精进球技、与球共舞。

在网球场上拼搏时,运动安全不可忽视。

热身、放松、拉伸与营养,为体能加分,有效助力技能提升。

正确的损伤防治,让你在网球运动路上轻装前行。

体会网球运动魅力,享受网球运动快乐,

关注网球运动安全,助力青少年健康成长!

让网球为你的青春增添光彩!

热身与放松

畅所欲言

在正式进行网球训练或网球比赛前,你会做哪些准备呢?

如果在网球运动前,你的身体一直处于静止不动的状态,接下来,让身体在短时间内投入大运动量的网球运动中,你的身体会很快适应这种突然的转变吗?如何才能让身体适应这种转变呢?

用热身唤醒身体

为了让身体更快、更好地适应接下来的大强度网球运动,进行网球运动前的热身活动是非常必要的。

没有做好热身就上场打球，是非常不科学的做法。这样做会将自己置身于本来可以避免的运动危险中。

网球运动前的热身如此重要，到底应该怎样做呢？下面提供简便易操作且热身效果不错的几种方法。

◎ 轻快地跑跳

跑一跑、跳一跳，可以让你的身体充满活力。

跑跳热身

先来说"跳"。跳是网球运动常用热身方法，这种方法不必借助器材和占用过多场地，开展方便，操作简单，可以原地跳，也可以行进间跳。可以跳高，也可以跳远，每一种热身活动还有很多不同的变换方法。

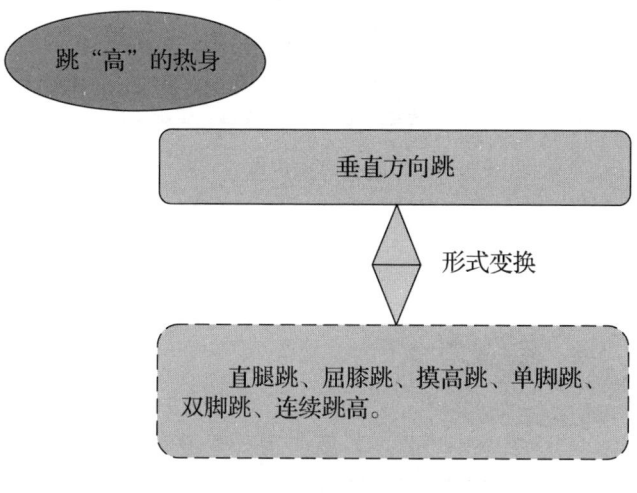

跳"高"的热身

垂直方向跳

形式变换

直腿跳、屈膝跳、摸高跳、单脚跳、双脚跳、连续跳高。

跳"高"的热身方法

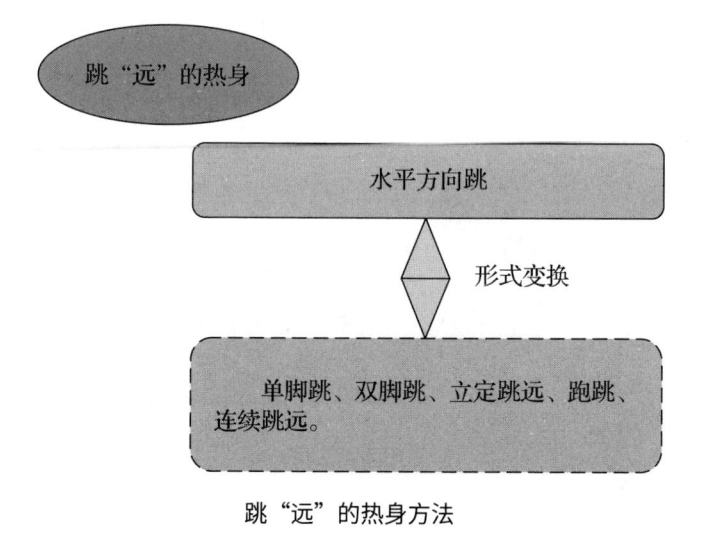

跳"远"的热身

水平方向跳

形式变换

单脚跳、双脚跳、立定跳远、跑跳、连续跳远。

跳"远"的热身方法

再来说说"跑",在有限的网球场地中,可以怎样开展跑的运动呢?以下方法非常实用。

听信号跑

看或听同伴、教练的手势或口令,按指定方向快跑几步。

听信号跑热身

听信号反向跑

看或听同伴、教练的手势或口令,向指定方向相反的方向快跑几步。

听信号反向跑热身

来回跑

在网球场地上进行小范围的来回跑热身,让身体充分舒展、活跃起来。

来回跑热身

第六章 健康运动:青少年网球运动安全

跑跳运动能充分调动身体各运动组织与细胞的运动积极性,从而让身体为接下来的网球运动做好充分的运动准备,同时,还能有效地避免热身不足引起的运动受伤情况的发生。

知识锦囊

热身,需要"热"到什么程度?

网球运动前热身,是为了让我们的身体活跃起来,能更好地进入到运动状态。那么,热身多长时间比较合适呢?热身过程中如何把控运动量和强度呢?

一般来说,热身5~10分钟是比较合适的。热身后,身体感觉微微发热即可。

热身,唤醒身体活力即可,千万不能进行大运动量和高强度的训练,以免在正式的网球训练或比赛前消耗过多的身体能量,以至于在接下来的网球运动中过早劳累。

◎ 让身体找到运动感觉

为了更好地适应训练、发挥运动实力,可以在网球运动前进行多次挥拍练习,让自己更加熟悉握拍的感觉和体会击球动作。

想象来球方向,积极移动步法,也能让身体活跃并尽快地进入运动状态。

学会放松，促进身体恢复

一节网球训练课或者一场网球比赛之后，经过了较大强度的运动，身心会处于疲惫的状态，这时就要学会放松，让我们的身心能量尽快得到恢复。

这里推荐几种非常有意思的运动小游戏，通过做游戏的形式，可以让你的身心得到有效放松。

◎ "你来我往"

挥拍热身

与同伴席地而坐，保持一定的距离，相互抛、接网球，你可以随意地控制抛球的高度和速度，体验互动乐趣、享受放松的快乐。

◎ "躲闪摸肩"

这个游戏需要你和同伴的配合。

先在场地上规定一定的运动范围，两人在这个运动范围内看或听教练的信号相互追逐。

追逐过程中，要积极尝试去摸对方的肩部，同时，要避免被同伴摸到自己的肩。

第六章 健康运动：青少年网球运动安全

抛接网球

◎"盲人找球"

带眼罩站在场地一端的端线，将网球放在场地另一端的端线上的任意位置，在同伴的语言指引下寻找网球，触摸到网球后，摘下眼罩用球拍托着网球跑回。

可以利用这个游戏进行比赛，看谁用的时间最短。

◎"切西瓜"

两人一组，面对面站立（距离大于 5 米），每人拿一个网球拍，共用一个网球。

双方采用截击球技术，把球截击到对方面前，对方截击回来，尽量不让球落地。

温故知新

参与网球运动时，很多人会忽视运动前的热身和运动后的放松，实际上，热身与放松对于网球运动者来说是非常重要的，它能帮助身体进行运动前后的良好过渡。

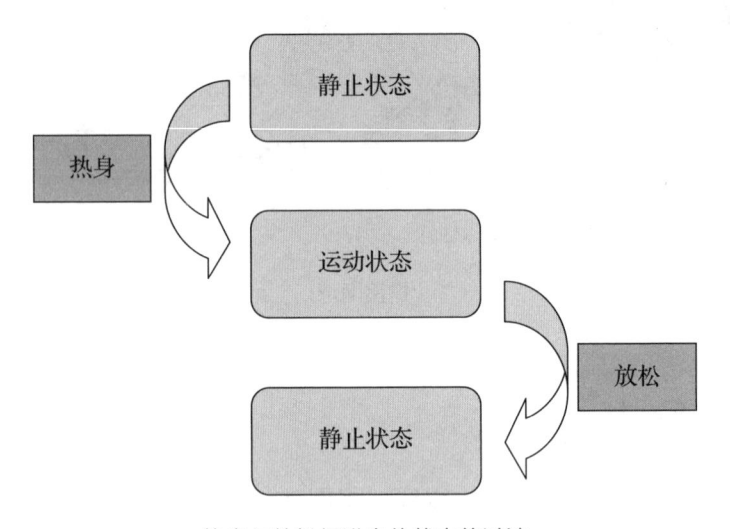

热身与放松促进身体状态的过渡

运动后的拉伸

网球运动后,你有没有身体酸痛的感觉呢?如何来缓解这种酸痛呢?

事实证明,运动后的拉伸,不仅能有效缓解运动后的疲劳和肌肉酸痛,还能有效促进血液循环、防止肌肉僵硬、促进身体运动能力的尽快恢复,可谓好处多多。

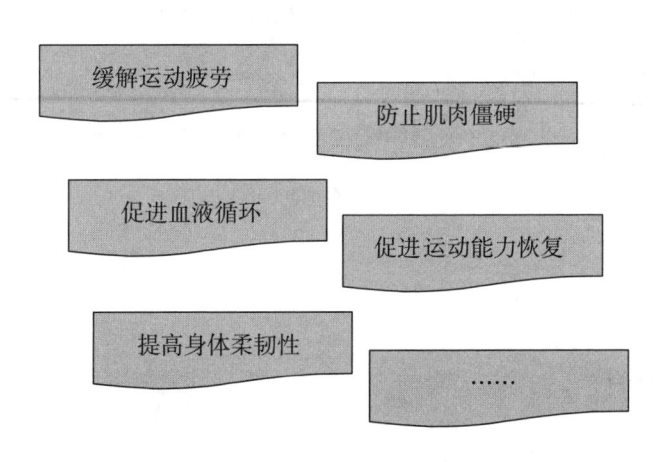

- 缓解运动疲劳
- 防止肌肉僵硬
- 促进血液循环
- 促进运动能力恢复
- 提高身体柔韧性
- ……

运动后拉伸的作用

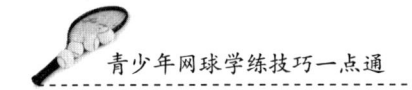

运动后的拉伸必不可少，常见拉伸方法有以下几种。

🎾 手臂拉伸

一只手臂把另一只手臂的上臂拉到胸前。被拉动的手臂及该侧的肩部、背部有拉伸感。保持这个动作 10 秒钟，然后换另外一只手臂进行拉伸。

手臂拉伸

🎾 肩部拉伸

肩部拉伸可以单独进行，也可由同伴协助进行。

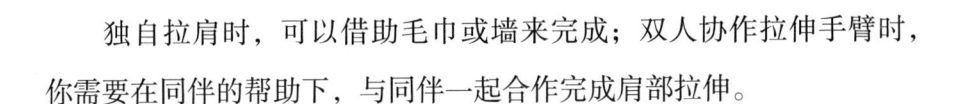

独自拉肩时，可以借助毛巾或墙来完成；双人协作拉伸手臂时，你需要在同伴的帮助下，与同伴一起合作完成肩部拉伸。

◎ 后拉毛巾

双手握毛巾的两端，双臂伸直，向后延伸，以拉伸肩部。你也可以用网球拍、一根长木棍、衣服来代替毛巾进行拉伸练习。

◎ 对墙压肩

面对墙站立，双脚开立、与肩同宽。双手扶墙，双臂伸直，挺直背部，反复多次向下压肩。

合作压肩

◎ 合作压肩

两人面对面站立，双脚开立、与肩同宽，相互伸直手臂，将手搭在对方的肩上，两人共同进行有节奏的向下压肩练习，可反复进行多次压肩。

腿部拉伸

腿部拉伸方法非常多，网球场上方便操作的腿部拉伸方法主要推荐以下几种。

◎ 站立提腿

以右脚支撑为例，右腿直立支撑身体，右手叉腰，左腿后踢，左手握住左脚腕向上拉伸，使左腿小腿与大腿紧贴。两腿交替反复练习。

◎ 屈膝压腿

弓步站立，身体前倾，双手扶垂直于地面的腿的膝盖，后腿绷直，向下振压身体。这个方法主要用于拉伸后腿，两腿可以交替反复进行拉伸。

◎ 体前屈

两脚并立，膝盖伸直，身体前倾，胸部靠近腿部，双手尽量去接触地面。

第六章 健康运动：青少年网球运动安全

站立提腿

屈膝压腿

◎ 坐拉腿

坐姿，右腿前伸，勾脚尖，上身前俯，右手抓脚尖向上身方向拉近。两腿交替反复练习。

坐拉腿

第六章 健康运动：青少年网球运动安全

在同伴帮助下拉伸腿部

温故知新

要拉伸，不要拉伤

很多人在网球运动后都迫不及待地想要休息，从而忽视拉伸，这是不科学的做法。

网球运动后的拉伸有诸多好处，不仅可以缓解运动疲劳、促进身体运动能力恢复，还能预防运动损伤，应该受到重视。

需要特别提醒的是，深度的拉伸应在运动后进行，尽量不放在运动前。运动前的深度拉伸可能会降低运动能力，还可能拉伤肌肉。

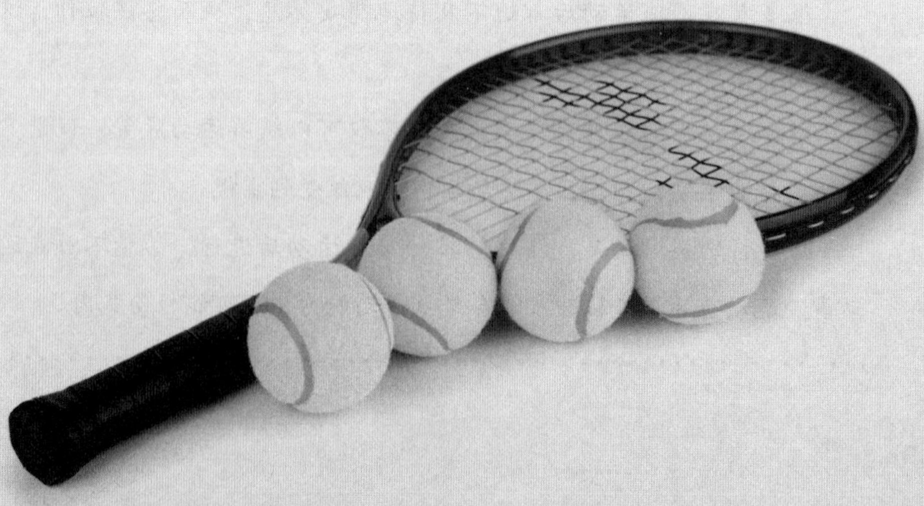

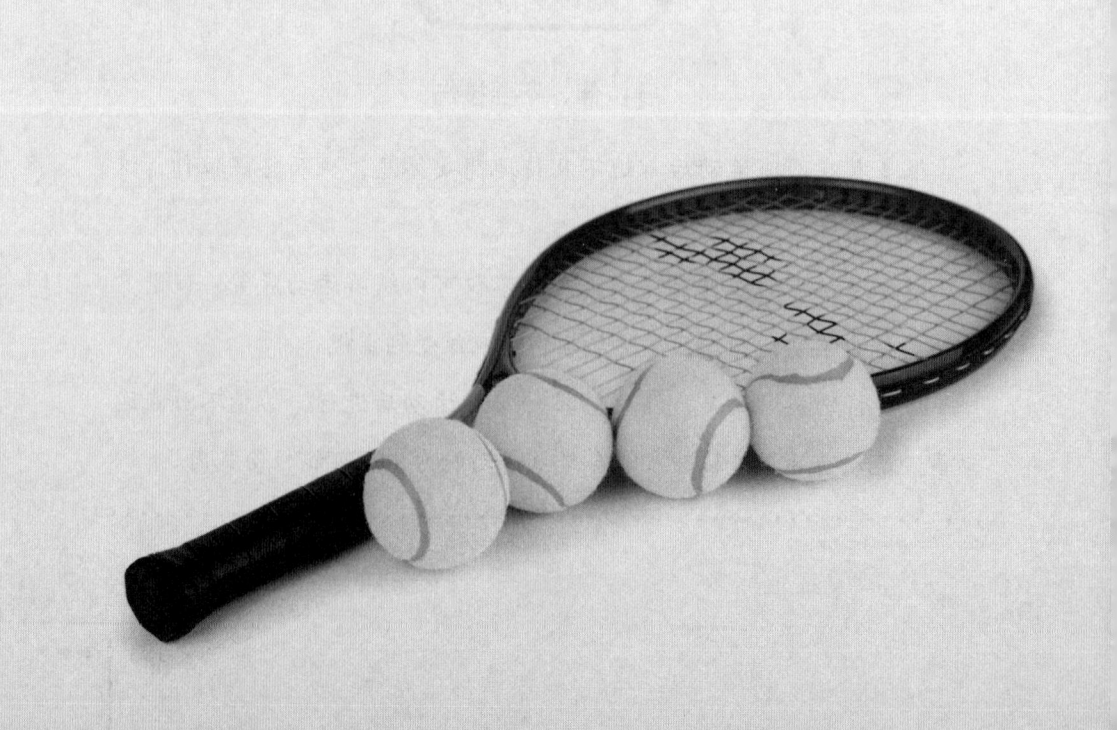

网球运动常见伤病防治

畅所欲言

你有过发生运动伤病的经历吗？参与网球运动，应该特别注意预防哪些可能会发生的运动伤病？如果在网球运动中遇到了运动伤病又该如何科学应对与处理呢？

网球运动，集速度、力量、激情于一身，尽管没有人希望在网球运动中发生伤病，但受各种因素的影响，这种情况总是在发生着。对此，我们要做到科学防治，尽可能地避免和降低运动伤病给我们带来的身心伤害。

这里就网球运动中的一些常见伤病进行讲解分析，以帮助你更好地预防、面对和处理这些伤病。

擦伤

网球运动中，如果不小心摔倒，皮肤与地面过度摩擦就可能造成皮肤擦伤。

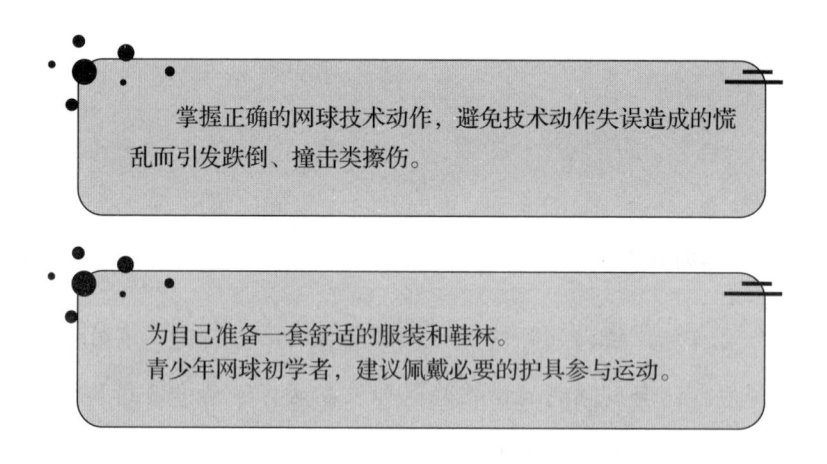

> 掌握正确的网球技术动作，避免技术动作失误造成的慌乱而引发跌倒、撞击类擦伤。

> 为自己准备一套舒适的服装和鞋袜。
> 青少年网球初学者，建议佩戴必要的护具参与运动。

擦伤预防

皮肤擦伤后，会有皮肤破损或组织液渗出。很多网球少年为了表现自己的勇敢，对擦伤的处理不重视、不细心，往往用清水冲洗下伤口或者不做任何处理，这是非常不正确的做法。

擦伤后，应根据擦伤程度，正确处理伤口，严重擦伤应寻求医生的专业帮助。

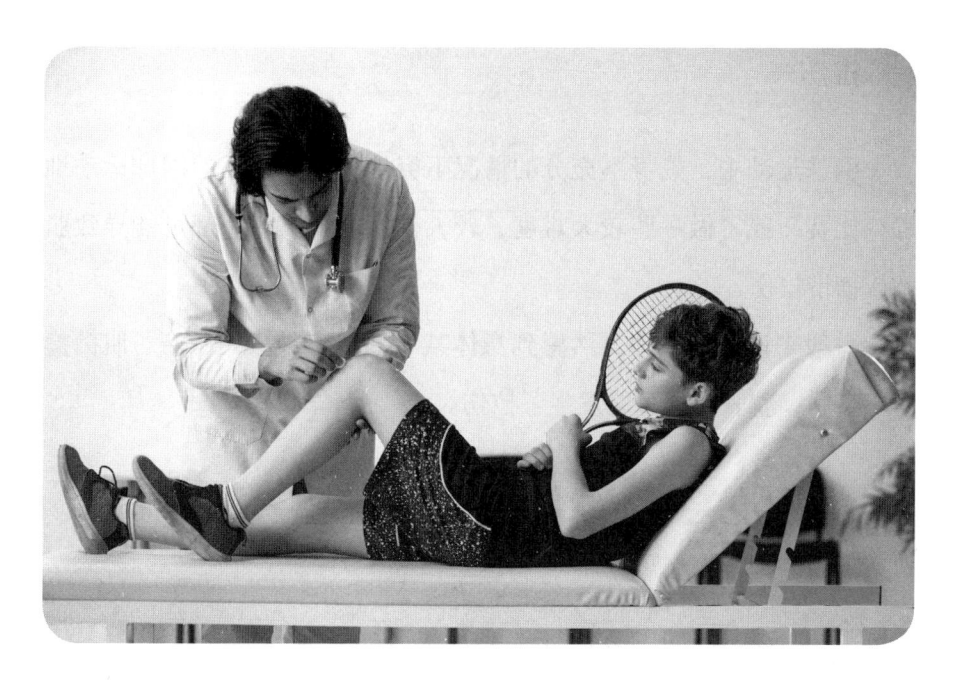

第六章 健康运动：青少年网球运动安全

就医处理膝盖擦伤

轻微擦伤：用生理盐水或其他药水冲洗伤口；涂抹红药水或紫药水。

较大面积擦伤：用碘酒或酒精在伤口周围消毒；用生理盐水清洗伤口异物（沙、石）；撒云南白药，用纱布适当包扎。

擦伤处理方法

拉伤

网球运动中，热身不充分的情况下突然参加大强度的网球运动训练或比赛，或者做一些较大难度、较大幅度的动作时，都可能导致肌肉或韧带拉伤。

一般来说，如果你突然感到身体某一部位有肿胀、压痛、肌肉痉挛等症状，就表明很可能发生了拉伤。

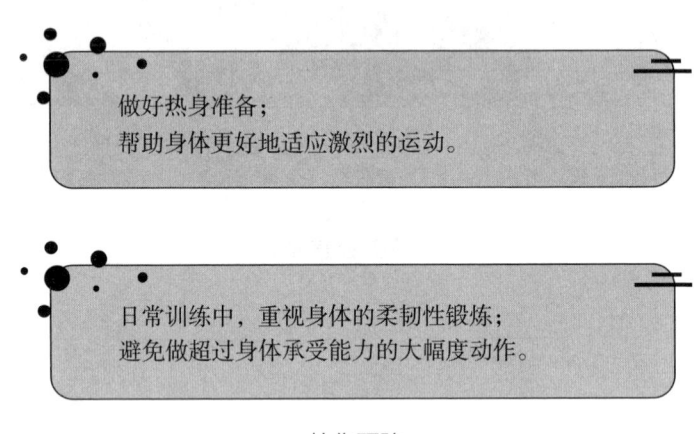

做好热身准备；
帮助身体更好地适应激烈的运动。

日常训练中，重视身体的柔韧性锻炼；
避免做超过身体承受能力的大幅度动作。

拉伤预防

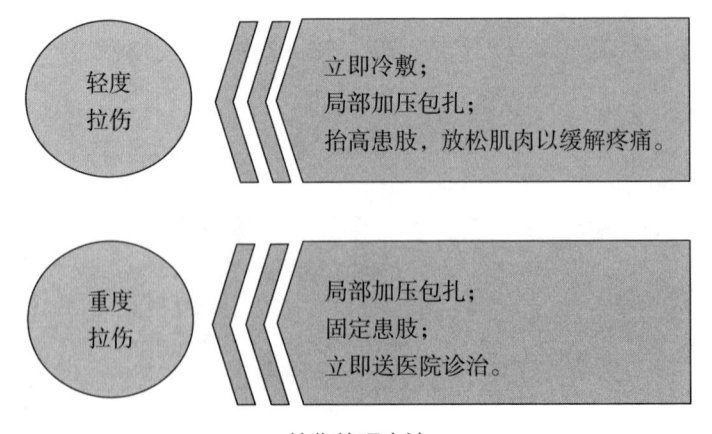

轻度拉伤
立即冷敷；
局部加压包扎；
抬高患肢，放松肌肉以缓解疼痛。

重度拉伤
局部加压包扎；
固定患肢；
立即送医院诊治。

拉伤处理方法

网球肘

在网球运动的常见伤病中，网球肘比较多见。通常是因为过多重复不正确的击球动作或者肌肉劳损导致的。

肘部疼痛

网球肘的症状：在做某一个动作时，肘关节外侧疼痛，不活动时疼痛减轻或消失，再做动作时疼痛又出现。

网球肘严重的网球运动者，正常的生活可能受到影响。例如，不能提重物、拧毛巾，甚至不能伸肘、握拳，做这些事情时患部疼痛无比，以至于不能完成动作。

- 初学网球时，严格要求自己掌握正确的技术动作；及时改正错误技术动作。

- 参与网球运动，应劳逸结合；不能急于求成，避免过度训练和过度劳损。

网球肘预防

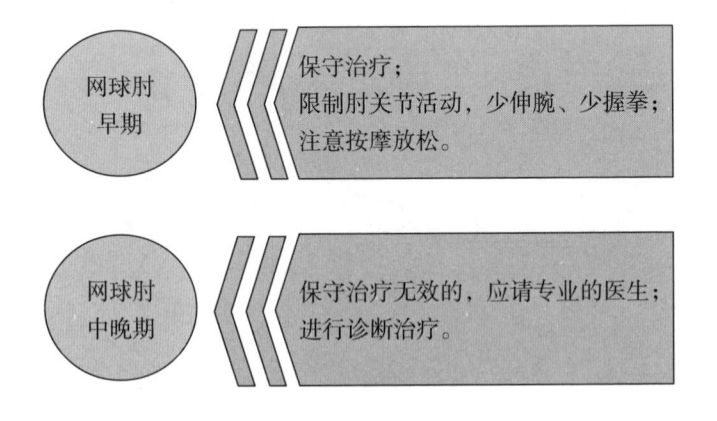

| 网球肘早期 | 保守治疗；限制肘关节活动，少伸腕、少握拳；注意按摩放松。 |
| 网球肘中晚期 | 保守治疗无效的，应请专业的医生；进行诊断治疗。 |

网球肘处理方法

肩袖损伤

肩袖损伤在网球运动中的发生概率也比较高。网球运动者经常使用肩部，肩关节长期超常范围地急剧转动、劳损，使得肩袖损伤比较多发。

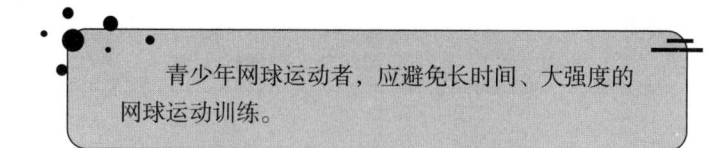

第六章 健康运动：青少年网球运动安全

> 青少年网球运动者，应避免长时间、大强度的网球运动训练。

> 网球运动后，重视做好拉伸、放松活动。

肩袖损伤预防

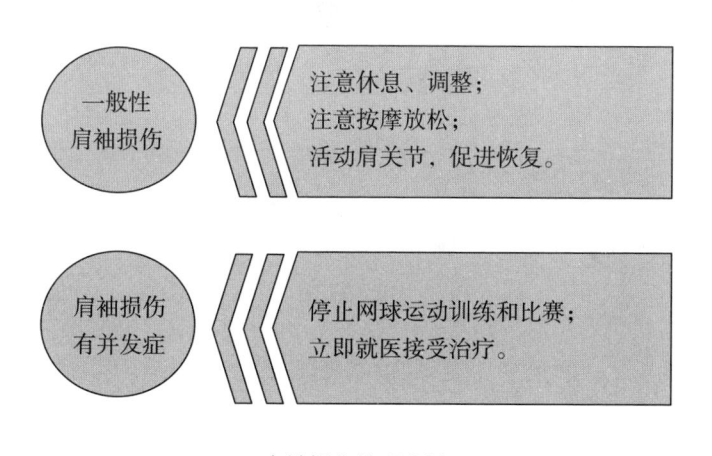

一般性肩袖损伤 ⟪ 注意休息、调整；
注意按摩放松；
活动肩关节，促进恢复。

肩袖损伤有并发症 ⟪ 停止网球运动训练和比赛；
立即就医接受治疗。

肩袖损伤处理方法

🎾 运动性中暑

夏季在户外长时间参与网球运动训练时，如果不注重防晒、降温、补水，非常容易发生运动性中暑。

- 参与夏季、户外的网球运动，应做好防晒。

- 夏季可选择在室内开展网球运动，如有身体不适，应及时到阴凉处休息，并注意降温、补水。

运动性中暑预防

有中暑先兆时	立即离开高温环境至通风阴凉处；解开衣领，帮助身体散热；服用清凉饮料、浓茶、淡盐水等。
轻度中暑	立即移到阴凉处，平卧。中暑痉挛时，牵伸痉挛肌肉并服用饮用含盐清凉饮料。

运动性中暑处理方法

第六章 健康运动：青少年网球运动安全

温故知新

参与网球运动时，科学预防和治疗处理运动损伤非常重要，预防和避免运动伤病有助于青少年的健康成长。

网球运动中可能因各种主观或客观因素而引发运动伤病，应冷静、正确处理，并引起重视。

运动损伤不同，处理方法不同；伤病程度不同，处理方法也不同。切不可大意。必要时，应及时寻求医生的帮助。

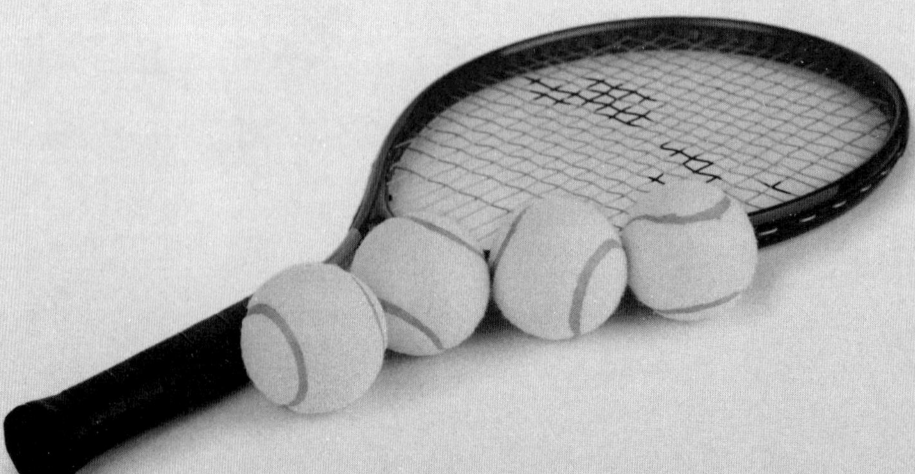

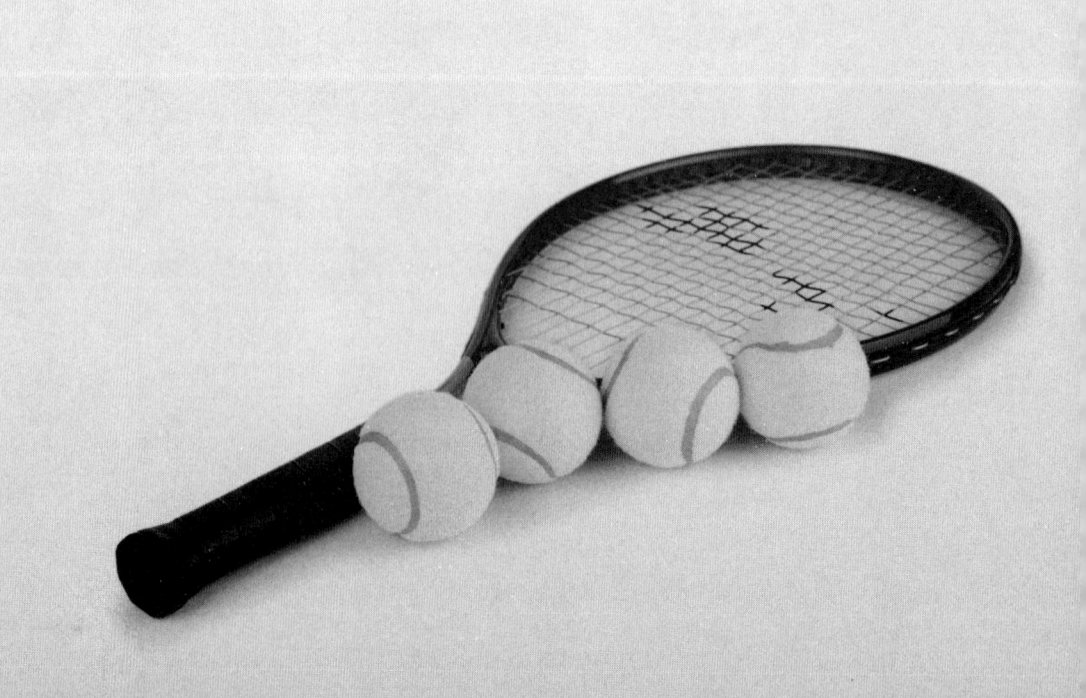

科学营养助力网球少年

畅所欲言

你有没有特别喜欢吃的食物？吃饭时会挑食吗？有没有不太健康的饮食习惯？你知道科学营养与饮食对身体的重要性吗？参与网球运动需要哪些特殊的营养摄入呢？

人体六大营养素

人体的正常生理发育、身体活动、运动能力的提升离不开营养的支持。在我们人体中，有 40 多种营养素，归纳起来有六大类：蛋白质、脂肪、糖（碳水化合物）、水、维生素、无机盐（矿物质）。

脂肪　　糖（碳水化合物）

水　　维生素

无机盐（矿物质）　　蛋白质

人体六大营养素

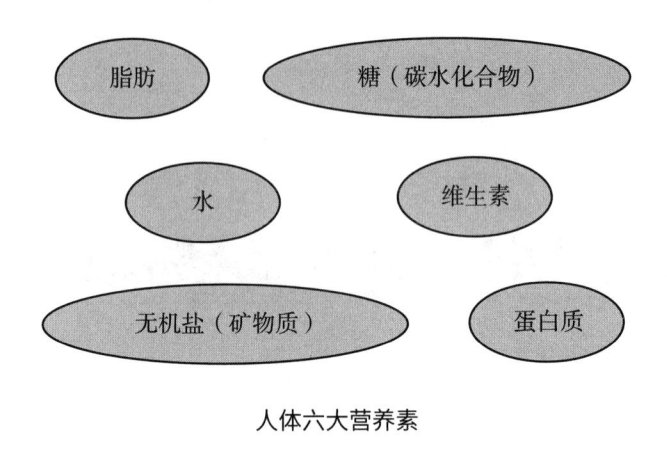

不同的营养素在人体内的比例不同、功能不同（表6-1）。人体所需要的能量主要来自三大产能营养素，即蛋白质、脂肪类和糖。

表 6-1　各类营养素在人体内的比例及功能

营养素	体内所占比例（%）	功能 供能	功能 构成组织	功能 生理调节
糖	1～2	主要	次要	
脂肪	10～15	主要	主要	
蛋白质	15～18	次要	主要	主要
无机盐	4～5		主要	主要
维生素	微量		次要	主要
水	50～70		主要	主要

科学营养，为健康、运动助力

青少年参与网球运动时，身体会消耗大量的能量，重视营养补充有助于其保持较好的运动能力和运动状态。

第六章 健康运动：青少年网球运动安全

网球运动期间，推荐蛋白质摄入为 1.0～1.8 克/千克体重。网球运动强度、运动量越大，对蛋白质的需求量就会越多。

糖是人体运动的重要能量来源，科学补糖，有助于改善身体中的糖代谢、减少蛋白质消耗、提高运动能力。大强度的网球运动后补糖的时间越早越好。

脂肪被誉为"身体的燃料库"，参与网球运动需要轻盈的体态，也需要较高的运动能力，因此要控制脂肪摄入，但不能拒绝摄入脂肪。

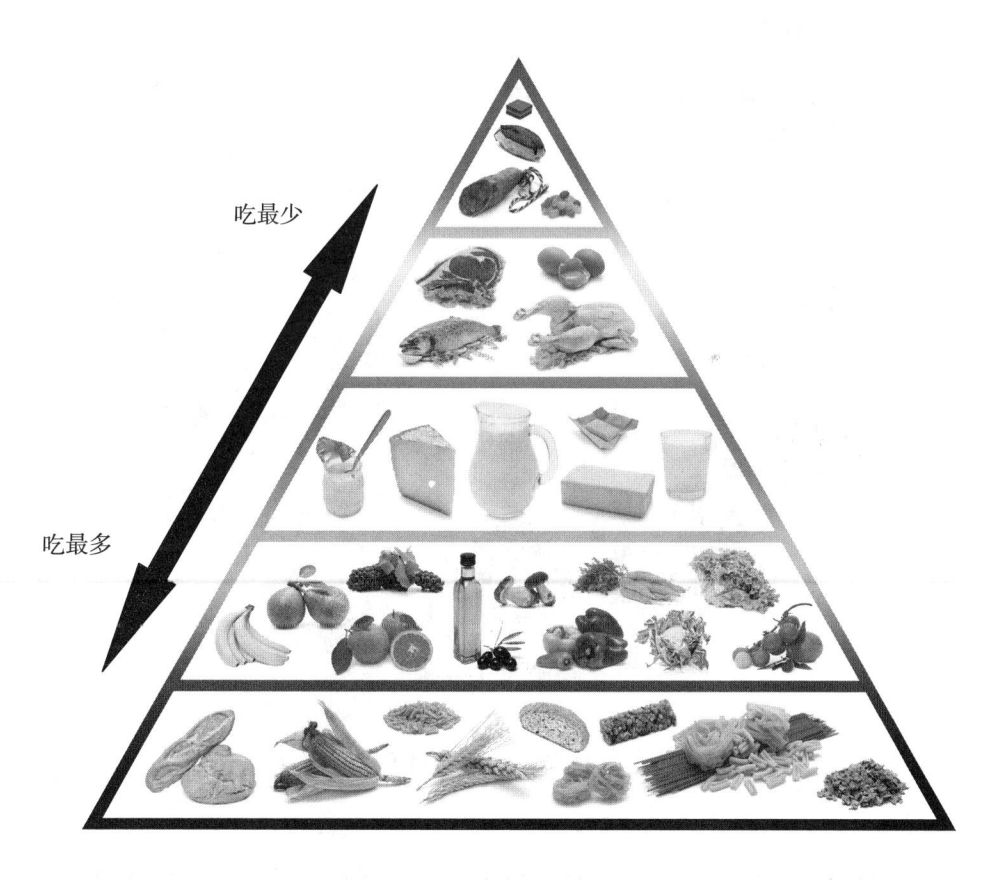

吃最少

吃最多

推荐食物与营养摄入

维生素不能为身体参与网球运动提供直接的能量，但运动过程中，身体能量消耗增加，对维生素的利用和消耗也会增多。维生素不足会间接导致运动能力下降，因此要重视补充维生素。

不同食物所含的主要维生素

网球运动中，大量出汗会造成体内水和无机盐的流失，可能引起身体代谢平衡的变化，因此要重视及时补充水和无机盐。

少次多量；

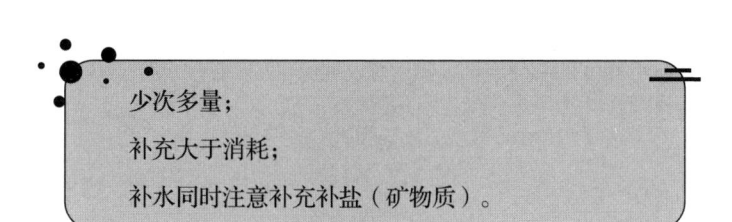

补充大于消耗；

补水同时注意补充补盐（矿物质）。

科学补水原则

温故知新

青少年正处于长身体的阶段，科学的营养不仅能为青少年的健康成长助力，还能为青少年参与网球运动提供更多的能量支持。

为了你的健康成长，也为了你更好地参与网球运动，可千万不能挑食哦，更不能吃太多垃圾食品。要学会控制零食摄入，正确对待吃饭这件事。

只有科学的饮食营养，才能帮助你的身体正常发育，提高你的运动能力。

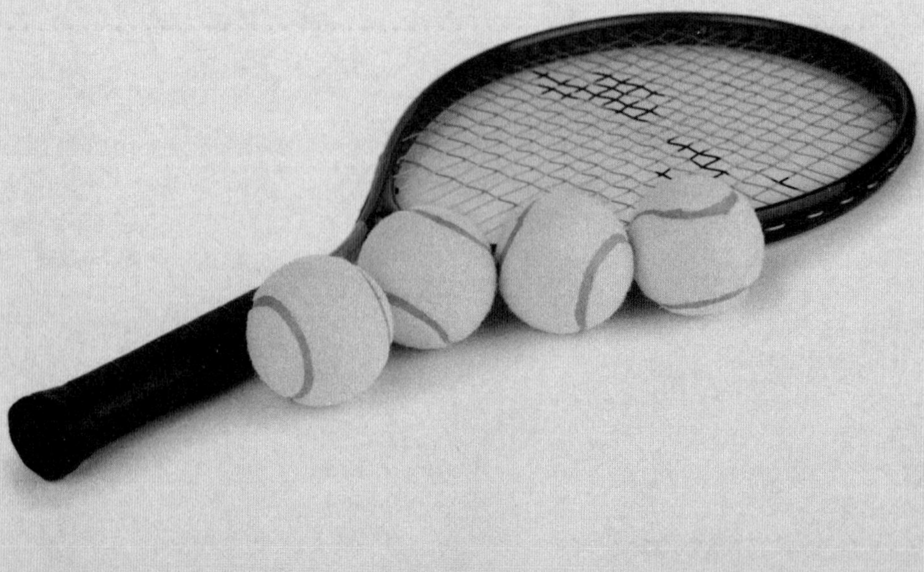

参考文献

[1] 刘同众.看图学打网球[M].合肥：安徽科学技术出版社，2017.

[2] 中映良品.网球入门与实战技巧[M].成都：成都时代出版社，2020.

[3] 北京中国网球公开赛体育推广有限公司青训项目组，清华附中神龙体育俱乐部.网球图解教程——青少年网球训练指南[M].北京：清华大学出版社，2019.

[4] 付辉，王锋.网球运动教程[M].天津：天津科学技术出版社，2018.

[5] 郭开强，蒲娟，张小娥.网球教学[M].北京：科学出版社，2016.

[6] 李志平，十海强.网球入门、提高训练与实战[M].北京：化学工业出版社，2016.

[7] 李雄辉，王萌，刘红伟.看图学打网球[M].北京：人民邮电出版社，2015.

[8] 周洪生.网球[M].长春：吉林文史出版社，2015.

[9] 李方江.青少年网球运动快速入门[M].北京：光明日报出版社，2014.

[10] 何伟.网球基础教学与训练[M].上海：上海交通大学出版社，2013.

[11] 张瑞林.网球运动[M].北京：高等教育出版社，2010.

[12] 谢成超，杨学明.大学网球教程[M].北京：化学工业出版社，2015.

[13] 罗晓洁.网球技术与教法[M].上海：同济大学出版社，2016.

[14] 殷剑巍.网球技战术教程[M].合肥：安徽科学技术出版社，2008.

[15] 李彬.网球：新时尚元素[M].成都：西南交通大学出版社，2015.

[16] 张景.网球学[M].郑州：中原农民出版社，2017.

[17] 刘小沙.网球[M].天津：天津人民美术出版社，2017.

[18] 万庆华.大众网球[M].长沙：湖南文艺出版社，2014.